AF238606

DIESES BUCH GEHÖRT:

Bibliografische Information der Deutschen Nationalbibliothek:
Die Deutsche Nationalbibliothek verzeichnet diese Publikation in der Deutschen
Nationalbibliografie; detaillierte bibliografische Daten sind im Internet über
http://dnb.d-nb.de abrufbar.

**Dieses Buch entstand mit freundlicher
Unterstützung der
Paris Lodron Universität Salzburg
anlässlich ihres 400-jährigen Jubiläums 2022.**

1. Auflage	Februar 2022
© 2022	edition riedenburg
Verlagsanschrift	Adolf-Bekk-Straße 13, 5020 Salzburg, Österreich
Internet	www.editionriedenburg.at
E-Mail	verlag@editionriedenburg.at
Lektorat	Dr. Caroline Oblasser
Korrektorat	Johann Leitner, Paris Lodron Universität Salzburg
Illustrationen	© Bettina Springer-Ferazin
Portraits	Hendrik Lehnert © Scheinast;
	Heike Wolter © privat;
	Bettina Springer-Ferazin: © Katie Simpson –
	katiesimpsonphoto.com
Satz und Layout	edition riedenburg
Herstellung	Books on Demand GmbH

ISBN 978-3-99082-084-1

Hendrik Lehnert • Heike Wolter
Illustrationen: Bettina Springer-Ferazin

Starke
Frauen
4

MARIE

Die Fragen-stellerin

FÜR KLEINE LEUTE
MIT GROSSEN IDEEN.

edition
riedenburg

Inhalt

Im Universum der Fragen

Das ist Marie: Acht Jahre alt, zwei Ringelstrümpfe an den Beinen und 1000 spannende Ideen im Kopf. Marie wohnt in Salzburg. Wenn sie mal wieder von kleinen und großen Abenteuern träumt, sagen ihre Eltern meistens: „Marie ist eben genau wie Marie." Damit meinen sie niemand anderen als Maries bekannte Urururgroßtante: Marie Andeßner, die Weltreisende.

„Deine berühmte Vorfahrin war schon vor über hundert Jahren unterwegs", erzählt Mama Marie eines Tages. „Damals war das Reisen noch nicht so einfach wie heute." „Warum?", will Marie wissen. „Dass Frauen Fragen stellen und in die Welt hinaus wollen, war früher recht ungewöhnlich. Viele dachten, wir Frauen sollen lieber zu Hause bleiben", ist Mamas Antwort.

Maries Urururgroßtante hatte viele Fragen, die man nicht zu Hause beantworten konnte: Was würde man bei einer Wanderung durch Afrika entdecken? Schmeckte der Tee in Ceylon besser als in Salzburg? Waren die Vereinigten Staaten von Amerika wirklich das Land der Träume? Und wo genau befand sich eigentlich der japanische Kaiserhof?

FORSCHUNGSAUFGABE

In welche Länder bist du schon gereist? Frage auch deine Eltern, wo ihr überall gewesen seid, als du noch sehr klein warst.

Marie mit den Ringelstrümpfen findet die andere Marie einfach toll. Denn die war mindestens genauso neugierig wie sie. Nicht selten sagen Mama und Papa auf eine von Maries vielen Fragen: „Ja, Marie, das Fragen liegt bei uns einfach in der Familie."

Zum Glück arbeiten Maries Eltern an der Universität. Dort werden besonders viele Fragen gestellt. Kein Wunder also, dass Marie eines Tages wissen möchte: „Darf ich auch mal in eure Paris London Universität mitkommen?" „Paris London?", wundert sich Mama. „Klar, wegen Paris, London und den anderen schönen Städten war Tante Marie doch an der Universität. Sie hat sich dort auf ihre Reisen vorbereitet."

Papa lacht: „Klar kannst du mal mitkommen ins Universum der Fragen. Aber unsere Universität heißt Paris L-o-d-r-o-n Universität mit ‚r'. Paris Lodron war nämlich ihr Gründer." „Ach so!", rollt Marie mit den Augen.

UNIVERSITÄT: An einer Universität kann man nach der Matura oder dem Abitur weiter lernen. Man nennt das auch Studium.

UNIVERSUM: Das Universum ist das Weltall mit uns darin.

**Wer war
Paris Lodron?**

**Wie schaut
die Welt von
oben aus?**

MITMACHEN!

Wenn du wissen willst, was man noch alles mit dem Wort „uni" anstellen kann, dann mach mit auf Seite 67.

Auf Foto-Tour

Ein paar Tage später nimmt Papa seine neugierige Marie mit an die Uni. Er ist Historiker und beschäftigt sich deshalb mit Geschichte. Über Salzburg weiß er nicht ganz so viel, denn er forscht ganz viel zu den Pyramiden in Ägypten. Aber Papas Kollegin Johanna ist eine Expertin für Salzburger Geschichten. „Kannst du mir etwas über Salzburg erzählen?", fragt Marie Johanna. Sie nickt. „Klar, Marie!", sagt sie, „lass uns doch eine Fototour durch die Stadt machen!"

Los geht es am Universitätsplatz, wo das älteste Gebäude der Universität steht. Johanna erklärt, dass vor vielen hundert Jahren vor allem Mönche das Wissen aufgeschrieben haben. Erst als man herausfand, wie Bücher gedruckt werden konnten, erfuhren mehr Menschen von den Antworten auf wichtige Fragen. Einige von ihnen studierten an einer Universität, kurz: Uni. Das heißt: Sie konnten Antworten finden und neue Fragen stellen. So war es auch in Salzburg.

Nonntal

Paris Lodron

Alte Universität

Festung Hohensalzburg

Rektorat

Rechts. wissenschaften

Überlege, welches Jubiläum die Universität Salzburg im Jahr 2022 feiert. Und woran denkst du, wenn du das Wort Jubiläum hörst?

Der Erzbischof Paris (Graf) Lodron eröffnete 1622 die Universität von Salzburg. Klöster gaben das Geld dafür und ihre Mönche wurden Lehrer und Schüler an der Uni. Am Anfang gab es nur wenige Fächer: Theologie, Philosophie, Medizin und Jura.

1740 wurde die Uni bekannt. Hier durften die Studenten Experimente in Physik machen. Das war etwas Neues. Sie entdeckten: Nicht Gott macht alles auf der Welt, sondern die Dinge haben eine erklärbare Ursache. Jeder konnte das nun überprüfen. Nur 70 Jahre später wurde die Uni wieder geschlossen und fiel in einen langen Dornröschenschlaf. Der dauerte bis 1962!

Marie ist verwirrt. Johanna hat immer nur von Männern erzählt. Erzbischöfe, Mönche, Professoren, Studenten. Sie fragt: „Wo waren denn die Frauen?" Da muss Johanna Marie enttäuschen: Frauen durften bis vor etwas mehr als hundert Jahren gar nicht studieren. Viele Männer hatten Angst vor klugen Frauen. Den wenigen mutigen Frauen wurden viele Steine in den Weg gelegt. Doch Marie ist sich sicher: Sie hätte es damals geschafft. Was wäre sonst aus ihren Fragen geworden?

THEOLOGIE: die Lehre von Gott.
PHILOSOPHIE: die Lehre vom Denken.
MEDIZIN: die Lehre vom Körper.
JURA: die Lehre von den Gesetzen.

Wo waren denn die Frauen?

MITMACHEN!

Auf Seite 68 kannst du viele Studienfächer einer Universität kennenlernen.

Kennst du die Universität?

Am Ende der Tour bringt Johanna Marie in die Kapitelgasse. Dort sitzt die „Regierung" der Universität, das Rektorat. Gerade bespricht sich der Rektor mit dem Vizerektor und den zwei Vizerektorinnen im Senatssaal. Er begrüßt Marie an der „PLUS". Stimmt: Paris Lodron Universität Salzburg. Coole Abkürzung, findet Marie, und hat gleich Mut, ihre ersten Fragen zu stellen. Schließlich will sie genau wissen, wie so eine Uni funktioniert.

Der Rektor ist nicht nur Chef der Uni, sondern auch Internist. Das ist ein Mediziner. Darum beschreibt er Marie die Universität wie einen Körper. In dem ist jeder Teil wesentlich. Das Rektorat, der Unirat und der Senat bilden den Kopf. Hier werden die wichtigen Entscheidungen zum Unterricht an der Uni getroffen und die Forschungsideen mit der gesamten Universität abgestimmt. Unverzichtbar sind die Menschen, die wie Rücken und Rumpf für den Zusammenhalt der Uni sorgen: Viele Personen arbeiten hier, um Lehre und Forschung erst möglich zu machen – von den Menschen in den Sekretariaten bis zur Hausmeisterin oder dem Koch. Die Arme und Beine mit Fingern und Zehen bewegen die Uni. Sie sind die Lehrenden, Forschenden und Studierenden in den vielen unterschiedlichen Fächern der sechs Fakultäten.

Finde heraus, wie du deine Schule als Körper verstehen könntest. Wer wäre der Kopf, wer der Rumpf und wer wären die Arme und Beine?

Marie geht ein Licht auf: Klar, Arme und Beine, um in Bewegung zu bleiben. Der Rumpf hält alles zusammen. Und den Kopf braucht es, damit es kein Chaos gibt. Aber Fakultäten? Das Wort hat Marie ja noch nie gehört. Die Vizerektorin erklärt ihr am großen Schaubild an der Wand, dass die Fakultäten Gruppen von Fächern sind, die man in Salzburg studieren kann.

Als sie fertig gesprochen hat, meint der Rektor: „Nun gehst du am besten zur Studienabteilung. Das ist der erste Anlaufpunkt für alle Studierenden."

Zum Glück muss Marie nicht weit laufen. Nach wenigen Minuten steht sie vor einer kleinen Theke. Sie bekommt zwar keinen Studierendenausweis – dafür braucht man Matura oder Abitur –, aber einen Besucherausweis, mit dem sie überall hindarf. Außerdem erhält Marie noch einen Lageplan. Sie staunt: Die Uni ist nicht nur in der Altstadt – sie ist ja überall in Salzburg!

○ REKTOR/REKTORIN: Leiter/Leiterin der Universität. „Vize" bedeutet „Vertreter".

○ SENAT: Hier sind Menschen mit viel Erfahrung.

○ MATURA/ABITUR: Höchster Schulabschluss. Damit darf man an einer Universität studieren.

Wie funktioniert die Uni?

Was sind Fakultäten?

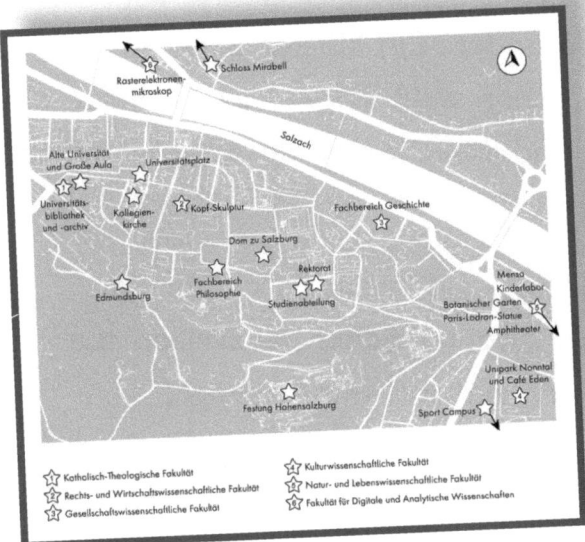

Einen Lageplan der Paris Lodron Universität Salzburg findest du im Buch auf der Seite 66.

MITMACHEN!

Auf der Seite 70 kannst du mithelfen, den „Körper" der Universität zu verstehen.

Wissen wohin!

Johanna hat Marie schon viel über Erzbischof Paris Lodron erzählt. Ohne ihn gäbe es die Universität gar nicht. Bischof – da geht Marie doch als Erstes zu den Theologen. Das sind Wissenschaftlerinnen und Wissenschaftler, die sich mit Religion beschäftigen. Sie waren ganz am Anfang der Universität die einzigen Lehrenden und Studierenden. Ein kurzer Blick auf den Stadtplan reicht und schon weiß Marie: Rechts, links, am Dom nochmal rechts und links. Immer geradeaus, vorbei an der Kollegienkirche.

Wenig später stoppt Marie mit ihrem Roller vor der „Alten Universität". Dort wartet schon Maximilian auf sie. Die Studienabteilung hat ihm angekündigt, dass Marie mit einem Rucksack voller Fragen kommt. Bevor sie losprudeln kann, verrät Maximilian, dass er sich gerade für das Thema Armut interessiert. An der Universität gibt es ein eigenes Forschungszentrum dafür. Dort forschen Menschen aus unterschiedlichen Bereichen gemeinsam. Maximilian kann mit allen diskutieren. Das ist besonders spannend, denn jeder schaut ein bisschen anders auf die Sache.

FORSCHUNGSAUFGABE

Orientiere dich auf dem Stadtplan auf Seite 66 und finde heraus: Wo ist Norden? Wie sieht eine Straße aus? Was bedeuten die Zahlen?

Was Armsein ist, das weiß Marie aus den Kindernachrichten. Sie fragt Maximilian, was er dabei besonders wichtig findet: „Du kennst sicher Kinder aus Familien, die sich manche Dinge nicht leisten können. Und in anderen Teilen der Welt fehlt es am Nötigsten: einem Zuhause, genügend Essen, Kleidung." Das versteht Marie. Doch warum es so schwer ist, diese Armut zu bekämpfen – das ist Marie nicht klar. Maximilian sucht nach Antworten darauf und macht auf das Thema aufmerksam, und Marie merkt: Manchmal ist das Fragenstellen schon Teil der Lösung.

Zum Schluss zeigt Maximilian Marie dann noch eine ganz besondere Sache: Zusammen mit seinen Kolleginnen entwickelt Maximilian einen Stadtplan für Menschen mit wenig Geld: Wo gibt es kostenlos Kultur, Hilfsangebote oder Betreuung? „Wissen wohin!" heißt der Plan – und genau darum geht es oft.

ARM sind Menschen, wenn sie von etwas nicht genügend haben, das zu einem guten Leben dazugehört. Arm sein bedeutet oft auch ausgeschlossen zu sein und nicht mitmachen zu können.

Wo geht's zur Alten Universität?

Was können wir gegen Armut tun?

MITMACHEN!

Versuche auf Seite 72 doch einmal, dir ein eigenes Forschungszentrum auszudenken.

Wo ist Heimat?

Nachdem sich Maximilian verabschiedet hat, schiebt
Marie ihren Roller und schleckt erst einmal ein Eis.
In der Churfürststraße, wo die Rechtswissenschaft
zu Hause ist, trifft sie Sandro, der neben ihr über eine
große Skulptur in der Mitte eines Platzes staunt. Marie
fragt: „Entschuldigung, was ist denn das für ein Kopf?"

Ein Glück, dass sie ausgerechnet Sandro gefragt
hat: Mit dem Künstler, der den Kopf gemacht hat,
hat Sandro selbst schon gesprochen. Beide kennen
sich bereits aus Barcelona in Spanien. Das ist ihre
gemeinsame Heimatstadt. Sandro weiß, dass es bei dem
Kopf des jungen Mädchens um das Thema Heimat geht.

Und schon hat Marie die nächste Frage:
„Warum Heimat?" Für Marie ist ganz
klar, wo Heimat ist. Sie ist in Salzburg
geboren und wohnt hier: Die Stadt
und das Land Österreich sind ihre Heimat. Aber die
Universität ist ein internationaler Ort. Hier arbeiten und
lernen Menschen aus sehr vielen Ländern. Sie haben
unterschiedliche Heimaten. Sandro erzählt Marie, dass
er ein Erasmus-Student in Salzburg ist und sich hier
schon nach wenigen Monaten pudelwohl fühlt.

FORSCHUNGSAUFGABE

Frage Menschen, die du kennst, was ihre Heimat ist. Wenn du willst, zähle zusammen, wie viele ein Dorf, eine Stadt, ein Land oder sogar eine Person nennen. Was ist die ungewöhnlichste Antwort?

Nur der Dialekt ist manchmal schwierig, wenn man an der Uni nur Hochdeutsch gelernt hat. Warum man in Salzburg beispielsweise „owi" sagt, was wie „oben" klingt, aber „runter" bedeutet? Marie weiß die Antwort, weil ihre Salzburger Oma es ihr einmal erklärt hat: „owi" kommt von „abhin", einem alten Wort – im Dialekt klingt es dann aber wie „owi".

Ansonsten kennt sich Sandro super aus und verrät Marie, was er in seiner Freizeit am liebsten macht: in die Oper gehen, in den Bergen wandern und das Einhorn im Schloss Mirabell besuchen.

Einen Geheimtipp hat Sandro auch noch: ein kleines Café mit der feinsten Torte in ganz Salzburg.

Das ist eine tolle Idee und deswegen ruft Marie gleich Irene Andeßner an. Ihr ahnt es schon: Die beiden sind über drei Ecken miteinander verwandt, aber sie sehen sich nicht so oft. Irene ist nämlich eine berühmte Künstlerin und hat immer viel zu tun. Außerdem wohnt sie in Wien. Marie hat Glück, denn Irene ist gerade in Salzburg. Die beiden verabreden sich für den Nachmittag. Ein Besuch im Café gehört schließlich zu Salzburg wie Wolfgang Amadeus Mozart.

Was ist Heimat?

Was machst du am liebsten?

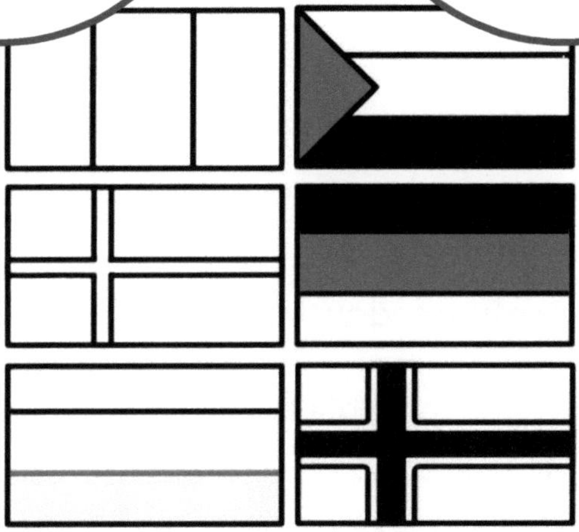

- INTERNATIONAL bedeutet, dass etwas viele Länder betrifft.
- DIALEKTE sind Formen einer Sprache, die sich von Ort zu Ort unterscheiden.
- CAMPUS nennt man das Unigelände, wenn es zusammenhängt.

MITMACHEN!

Weitere Kunst am Campus lernst du auf Seite 74 kennen.

Mozart ist überall

Apropos Mozart – auf den berühmtesten aller
Salzburger trifft Marie an jeder Ecke der Altstadt.
Das merkt sie mal wieder, als sie mit ihrem Roller zum
Centre of European Union Studies unterwegs ist. Ganz
schön anstrengend ist es, den Mönchsberg
zu erklimmen. Sogar tragen muss Marie ihren
Roller ein Stück. Oben angekommen steht sie
vor der Edmundsburg. Dort sitzt das zweite
Forschungszentrum, das Marie nun kennenlernt.

Sie trifft sich mit der Politikwissenschaftlerin Christina.
Die ist zwar keine Mozartspezialistin, aber die
Europareisen vom Nannerl und vom Wolferl – den
beiden Mozart-Geschwistern – faszinieren sie schon.
„Und was hat Mozart nun mit der Universität zu tun?",
fragt Marie. Johann Georg Leopold Mozart, der Vater
des berühmten Komponisten, war einst Philosophie-
und Jura-Student an der Universität Salzburg. Sein
Jura-Studium brachte er aber nicht zu Ende. Er
war wohl mehr an Musik interessiert. Und Wolfgang
Amadeus Mozart selbst hat schon als Fünfjähriger
auf der Universitätsbühne getanzt und mit elf für das
Universitätstheater ein Musikstück komponiert.

FORSCHUNGSAUFGABE

Vielleicht hast du bisher gedacht, ein Doktor ist immer ein Arzt oder eine Ärztin. Worin kann man aber noch ein Doktor werden? Frage herum oder schaue in einem (Online)Lexikon für drei Beispiele.

Lösungen: Doktor der Philosophie, Doktor der Ingenieurwissenschaften, Doktor der Politik ...

In ihrem Büro beschäftigen sich Christina und ihre Kolleginnen mit der europäischen Einigung. „Ein toller Blick über Salzburg!", findet Marie, als sie wieder einmal aus dem Fenster sieht. „Warum forscht ihr denn ausgerechnet hier oben über die Europäische Union?" Christina lacht und fordert Marie auf, aus dem Fenster mal ganz nach links zu schauen. Marie sieht Stadt und Wald und ein paar kleine Berge. „Ja, und?", runzelt Marie die Stirn. Christina erklärt, dass sie über eine Grenze guckt: Nämlich von Österreich nach Deutschland.

Davon merkt man aber nichts, wegen der EU. Christina und ihre Kolleginnen begeistern sich für diese grenzenlose Idee. Und auch für eine gemeinsame Regierung, den Euro und die Möglichkeit, in jedem Land der EU zu studieren und zu arbeiten. Das Letzte ist für die drei besonders wichtig, sie sind nämlich Doktorandinnen aus verschiedenen Ländern. Das heißt, sie wollen einmal Professorinnen werden. „Und was muss man dafür tun?", fragt Marie. Christina ist sich sicher: „Das Wichtigste ist eine gute Frage." Perfekt, denkt Marie, fragen kann sie nämlich richtig gut.

DIE EDMUNDSBURG: Früher eine Erziehungsanstalt zur „Besserung verwahrloster Knaben", gehört heute zur Universität.

DER EURO: Gemeinsame Währung der meisten Staaten in der Europäischen Union, kurz EU.

Was hat Mozart mit der Uni zu tun?

Wie wird man Professorin?

Zeugnis

Johann Georg Mozart
erwies sich eines
Studenten als unwürdig.

Schau genau: Auf dem historischen Zeugnis für Wolfgang Amadeus Mozarts Vater fehlt tatsächlich dessen heute gebräuchlicher dritter Vorname „Leopold".

MITMACHEN!

Wenn du wissen willst, woher die Studierenden an der Uni Salzburg kommen, dann male das Tortendiagramm auf Seite 76 aus.

Die grüne Universität

Das mit dem Fragen hilft einfach immer. Das merkt Marie auch, als sie atemlos am Unipark Nonntal ankommt. Einmal um die ganze Festung ist sie herumgesaust und dann direkt zum Campus. Schon von weitem sieht sie ein paar Bauarbeiter, die ihre Werkzeuge in einem wundersamen Gefährt mit der Aufschrift „PLUS" transportieren. Da kann Marie einer neugierigen Frage natürlich nicht widerstehen und erfährt, dass die vier die Heizungsanlage überprüfen. Für ihre Geräte dürfen sie ein Lastenfahrrad der Uni benutzen.

Die Energie für die Gebäude kommt teilweise aus der Erde unter dem Gelände. Das nennt man Geothermie. „Und wofür ist das gut?", will Marie wissen. „Die Universität will eine grüne Universität, also nachhaltig sein. Das bedeutet, dass auch auf die Natur geachtet wird." Marie denkt nach: Da würden ihr auch noch ein paar weitere Möglichkeiten einfallen. In der Schule haben sie mal ein Müllprojekt gemacht und geschaut, wer in einer Woche am meisten einsparen kann. So was geht an einer Uni sicher auch.

FORSCHUNGSAUFGABE

Kennst du eine wichtige Umweltbewegung, die von Greta Thunberg, einer Schülerin aus Schweden, ausgegangen ist? Informiere dich, was ihre Forderung ist.

Mit ihrem neu gelernten Wort „Geothermie" macht Marie sich gleich auf zu den Linguisten, die ebenfalls im Unipark forschen. Tobias ist einer von ihnen. Er erwartet Marie schon. Was Geothermie ist, kann er leicht erklären, denn er kennt sich besonders gut mit der deutschen Sprache und mit heutigen Wörtern aus, die eigentlich mal aus einer anderen Sprache kamen. Geothermie ist so eines. Es ist nämlich Griechisch und bedeutet „Erdwärme". Die anderen Forschenden in Tobias' Bürogebäude könnten Marie das Wort noch in viele andere Sprachen übersetzen. Es sind nämlich Anglisten, Romanisten, Slawisten und sogar Indogermanisten – sie sprechen also beispielsweise Englisch, Französisch, Russisch oder verstehen sogar Sanskrit.

Das tun sie nicht nur in ihren Büros, sondern offenbar auch in den Pausen. Tobias führt Marie ins Café Eden, wo ein traumhafter Ausblick auf die Festung Hohensalzburg, ein Stimmengewirr in vielen Sprachen und – am wichtigsten – eine leckere heiße Schokolade auf Marie warten.

LASTENFAHRRAD: Damit kann man richtig viele Dinge auf umweltbewusste Weise transportieren. In eine Box, die vorn oder hinten am Fahrrad ist, lässt sich alles einladen.

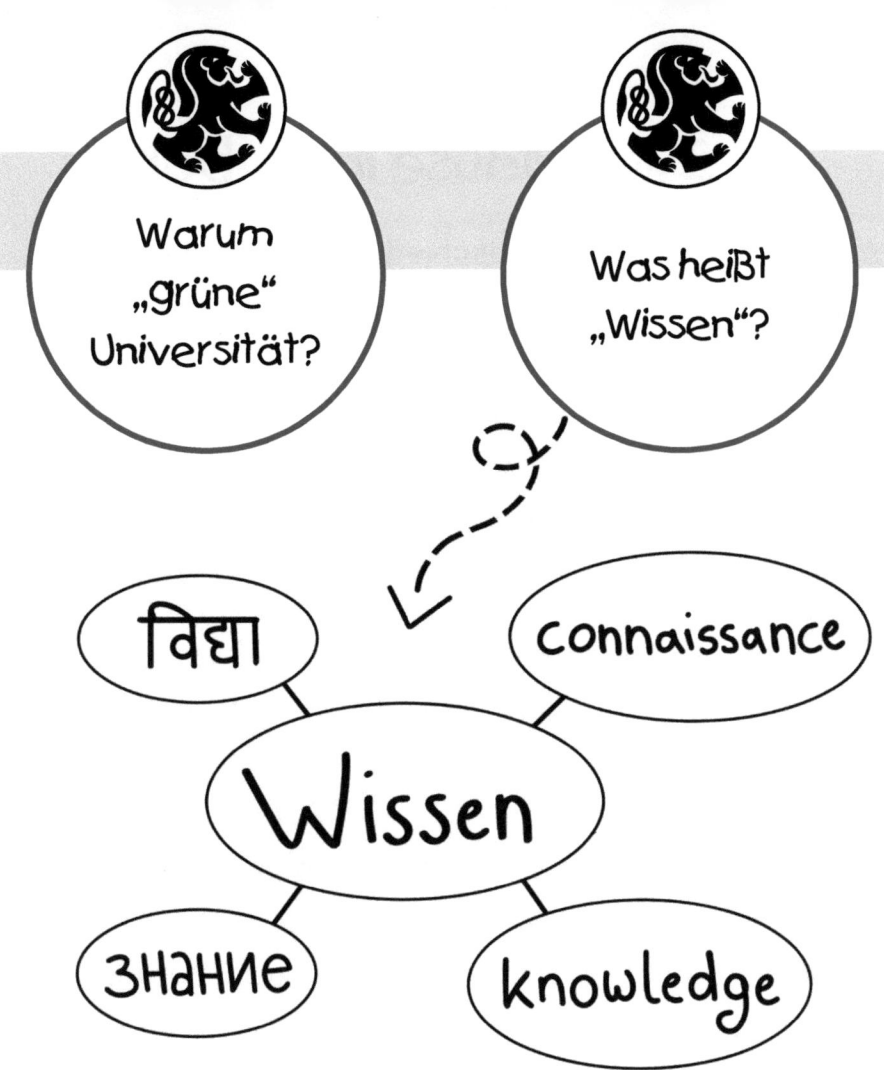

Warum „grüne" Universität?

Was heißt „Wissen"?

विद्या

connaissance

Wissen

ЗНАНИЕ

knowledge

MITMACHEN!

Auf Seite 78 kannst du zusammen mit Marie überlegen, wie die Uni noch grüner werden kann.

Zwei Mäuse im Labor

Als Marie Tobias zum Abschied winkt und die Treppe hinuntergeht, folgen ihr die Klänge klassischer Musik. Auf den Hinweisschildern, die allen Besuchern im Unipark helfen, sich in dem großen Gebäude zurechtzufinden, liest Marie: Kunst-, Musik- und Tanzwissenschaft. Marie dreht sich zweimal um sich selbst und träumt schon von einem eigenen Auftritt.

Doch vorerst checkt sie kurz den Lageplan, schwingt sich wieder auf ihren Roller und düst zum Nawi-Campus, den Gebäuden der Natur- und Lebenswissenschaften. Knapp 10 Minuten später begegnet sie als Erstes Paris Lodron. Natürlich nicht in echt, dafür aber als imposante Statue.  Mit einem kurzen „Hallo!" in seine Richtung springt sie die Treppe zum Eingang hinauf, wo schon Markus wartet. Er arbeitet beim Kinderlabor der Uni Salzburg.

„Zum Kinderlabor musst du unbedingt mal", hat Papa gesagt und gleich dort angerufen. Deshalb darf Marie jetzt Markus über die Schulter schauen. Er ist ein Psychologe und fragt sich jeden Tag, wie Kinder denken. „Willst du bei einem Experiment mitmachen?", möchte er von Marie wissen.

FORSCHUNGSAUFGABE

Welche Experimente hast du schon einmal gemacht? (Falls du dich an keines erinnerst: Hast du schon mal probiert, welche Dinge schwimmen und welche nicht? Oder Sirup mit Wasser gemischt und genau hingeschaut?)

Klar will sie. Markus nimmt sie mit ins Labor und erzählt ihr eine Geschichte: Es geht um einen Esel und zwei Mäuse. Der Esel möchte unbedingt an ein Spielzeug in einer Truhe gelangen. Doch der Deckel der Truhe ist für ihn allein zu schwer. Er braucht Hilfe. Die beiden Mäuse beobachten den verzweifelten Esel. Die erste Maus will dem Esel helfen, den schweren Deckel zu öffnen. Die andere aber hüpft auf den Deckel der Truhe, damit sie geschlossen bleibt. Marie soll sagen, warum die beiden Mäuse so handeln, wie sie es tun.

Das ist doch total einfach, findet Marie: Die eine Maus denkt an den Esel und seinen Wunsch, die andere will das Spielzeug für sich haben. „Stimmt das?", fragt Marie Markus. „Das kann man nicht so sagen. Wir sind ja keine Mathematiker, bei denen 1 plus 1 immer 2 ist. Wir wollen einfach herausfinden, wie Kinder denken. Da gibt es verschiedene Antworten" – Fragen, ohne dass es eine richtige Antwort gibt? Das ist ja spannend!

EXPERIMENT: Ein Versuch, den Forschende mehrmals wiederholen können, um etwas herauszufinden.

LABOR: Das braucht man für manche Experimente; dort gibt es nämlich alle Dinge, die für einen Versuch benötigt werden.

Wie geht das Experiment?

Wie denken Kinder?

MITMACHEN!

Deine eigenen spannenden Fragen über die Welt kannst du auf Seite 79 stellen.

Die liegende Acht

Um nun ein paar echte Zahlenfreunde, also Mathematikerinnen, zu treffen, muss Marie nur ein kleines Stück weiterlaufen. Schon steht sie vor einem Hörsaal. Mit großen Buchstaben steht auf einem Zettel geschrieben: „Heute Vorlesung Prof. Babett Huber in Hörsaal 1".

Leise drückt Marie die Klinke hinunter und sich selbst an die Wand. Sie späht in den großen Raum, dessen Reihen übereinander angeordnet sind. Wie in einem Kino, denkt Marie. Und so viele Studierende. Marie beginnt zu zählen – aber bei 50 hört sie auf.

Dann lauscht sie den Worten der Professorin und schaut fasziniert zu, wie auf der weißen Tafel, dem Whiteboard, neben allerlei Zahlen immer mehr merkwürdige Zeichen erscheinen. Mit Punkten und Strichen ist es nicht getan. Es gibt Kreise und Häkchen, Linien und merkwürdige Symbole.

Bevor Marie so richtig nachgedacht hat, geht sie mitten in den Saal und hebt die Hand.

FORSCHUNGSAUFGABE

Kannst du dieses Zahlenrätsel lösen? Wenn sich diese Zahl auf den Kopf stellt, wird sie um drei kleiner.

Frau Huber wundert sich über das kleine Mädchen, das den Arm ganz weit nach oben streckt. So eine junge Studentin hat sie bisher noch nicht bei sich begrüßen dürfen. Sie ruft Marie sofort auf. „Was ist denn das da, diese liegende Acht? Ist der schlecht geworden?" Die Studierenden schmunzeln, und sie schauen Marie auch bewundernd an. Vielleicht hätten sie sich nicht getraut, ihre Fragen zu stellen.

Doch Marie ist mutig. Sie ist zwar ein klitzekleines bisschen rot geworden, aber dafür weiß sie jetzt: Die liegende Acht ist das Zeichen für „unendlich" – eine unvorstellbar große Zahl. Unendlich kann man ja immer wieder brauchen: Das Universum ist unendlich, offenbar gibt es auch unendlich viele Zahlen.

Und jetzt hat sie unendlich viel Hunger. Schnell verabschiedet sich Marie von den Mathematikerinnen und schlüpft aus dem Raum. Hinter sich hört sie noch das Klopfen der Studierenden auf den Tischen, mit dem sie sich für die tolle Vorlesung der Professorin bedanken.

HÖRSAAL: Besonderer Raum an einer Universität, in dem viele Studierende bei einer VORLESUNG zuhören können. Die Sitzreihen gehen nach oben, damit alle gut sehen.

KLOPFEN: Lob am Ende einer Vorlesung.

MITMACHEN!

Erstelle dir auf Seite 80 selbst einen Studienplan für eine Woche an der Kinderuniversität.

Campus, Mensa, Seminar

Die Verabredung mit Mama kommt genau zur richtigen
Zeit. Sie arbeitet nämlich auch am Nawi-Campus,
schließlich ist sie Chemikerin. Marie hüpft
zum Eingang der Mensa, wo Mama schon
nach ihr Ausschau hält. Zur Begrüßung
knurrt Maries Magen laut und vernehmlich.
Kein Wunder, bei all den Abenteuern.

Die beiden suchen sich an der Theke etwas Leckeres
aus. Marie nimmt eine große Portion Nudeln, Mama
einmal Salat und Suppe. Sie setzen sich auf die
Terrasse. Mama sagt immer: „Hier gibt's nicht nur
köstliche Pasta, sondern auch richtiges Mensa-Feeling."
Was das ist, wird Marie klar, als sie sich umschaut: Alle
sitzen an langen Tischen und quasseln durcheinander.

Mama hört sich geduldig an, wie die Geschichten aus
Marie heraussprudeln. Unglaublich, was sie schon alles
erfahren hat! Mama staunt nicht schlecht und sieht
Marie in zehn Jahren schon als wissbegierige Studentin
vor sich. Heute lädt sie Marie erst einmal zu einem
Seminar mit ihren Studierenden ein. Bevor es so weit
ist, macht Marie aber endlich eine richtige Pause. Und
zwar an ihrem Lieblingsort: dem Botanischen Garten.

Lösung: Tisch, Tafel (lateinisch)

Einmal um den See herum und einige Meter die Straße herunter – schon befindet sich Marie im grünen Dschungel. Auf dem Mozartkugel-Weg findet sie alle Pflanzen, die wichtig sind, um die Salzburger Nascherei zu erzeugen: Einen Haselnussstrauch zum Beispiel und ein Mandelbäumchen ebenso wie eine Kakaopflanze.

Der Garten ist aber nicht nur hübsch, verrät ihr Johannes, der gerade ein paar Büsche beschneidet. Das Grün ist auch ein Forschungsfeld für Biologen. 2019 hat hier sogar die Titanenwurz geblüht, eine seltene Urwaldpflanze aus Sumatra. Halb Salzburg war auf den Beinen, um das Spektakel anzusehen.

Als Marie zum Treffpunkt mit Mama kurvt, muss sie sich um ein paar Sportlerinnen schlängeln. Eine junge Frau hält im Laufen inne. Marie fragt sie: „Was trainiert ihr denn hier?" Nuria, so heißt sie, erklärt ihr, dass manche Sportstudierende Kurse für Kommilitonen anbieten. Nur deshalb sei sie hier, denn eigentlich sei ihr Campus in Rif und ihre Lieblingssportart Biathlon. „Das ist eine Mischung aus Skifahren und Schießen", erklärt sie. Marie erfährt, dass Nuria sogar für den Österreichischen Skisportverband erfolgreich aktiv ist, der froh über die Salzburger Medaillenhoffnungen ist.

Wo treffen sich alle?

Was sind Kommilitonen?

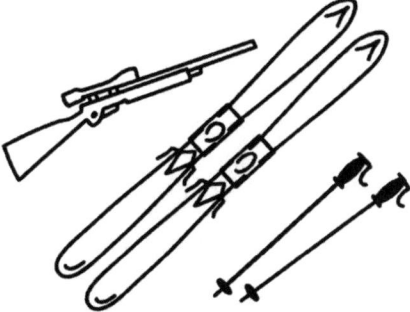

○ MENSA: Essenssaal in der Universität.

○ SEMINAR: Eine Art des Unterrichts an der Uni.

○ MOZARTKUGEL: Berühmte Salzburger Süßigkeit aus Schokolade, Pistazien, Marzipan und Nougat.

○ KOMMILITONEN: So werden die Mitstudierenden genannt.

MITMACHEN!

Stell dir vor, du bist heute in der Mensa. Male auf Seite 82 auf, was du gern essen möchtest.

Ein Geheimtipp

Mama wartet bereits am vereinbarten Treffpunkt. Sie
wollen gerade losgehen, da läuft ihnen der Hausmeister
über den Weg. Mama bittet ihn um eine kleine
Reparatur und stellt Marie kurz vor. Der Hausmeister
beugt sich zu ihr runter und meint verschwörerisch:
„Ich bin sicher, ich kann dir den geheimsten Ort der
Uni zeigen. Willst du ihn sehen?" Marie nickt eifrig. Nur
wenige Schritte die Treppe hoch, vorbei am „Betreten
verboten"-Schild und schon steht Marie mit Mama in …
einem Amphitheater!

„Wird hier auch heute noch Theater
gespielt?", fragt Marie den Hausmeister.
Doch da muss der Hausmeister Marie
enttäuschen: Ein Studierendentheater gibt
es zwar, aber das hat eine andere Bühne.

Nun schaltet sich Mama ein und erinnert an Maries
nächstes Abenteuer. Dafür müssen die beiden nämlich
ein Stück fahren. Es geht in den Salzburger Stadtteil
Itzling, wo Mama ein Seminar unterrichtet. Als sie
ankommen, warten Mamas Studierende schon ungeduldig.
Kein Wunder, denn heute steht etwas ganz Besonderes
auf dem Programm: das Rasterelektronenmikroskop.

FORSCHUNGSAUFGABE

Alfred Nobel hat den Friedensnobelpreis gestiftet, weil er gemerkt hat, dass Erfindungen auch viel Unheil anrichten können. Welche Erfindung von ihm ist sehr gefährlich?

Lösung: Dynamit

Marie muss dreimal hinhören bei dem schweren Namen, aber schnell sind Elif, Jakob und Leonie an ihrer Seite und erklären ihr alles.

Durch dieses besondere Mikroskop kann man Oberflächen so genau vergrößert anschauen, dass man sogar die allerkleinsten Bestandteile von allem sieht. Wie das genau geht und wofür es gut ist, das erzählt Mama jetzt allen. Marie ist mächtig stolz auf sie.

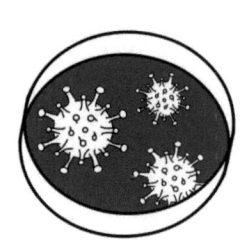

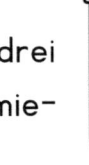 

Nach dem Unterricht fragt Marie bei ihren drei neuen Freunden nach: „Wie ist so ein Chemie-Studium eigentlich?"

Elif erzählt: „Ich habe vorher etwas anderes studiert und dann meine Liebe zur Chemie entdeckt."

Es ist gar nicht so selten, dass man erst herausfinden muss, was einen wirklich begeistert. Jakob arbeitet neben seinem Studium schon bei einer Chemiefirma und kann deswegen manches aus den Seminaren an der Uni sogar schon praktisch anwenden. Und Leonie wollte bereits als kleines Mädchen Chemie studieren. Sie weiß genau, wo sie hinwill: „Ich will später mal den Nobelpreis gewinnen", sagt sie und Marie bekommt große Ohren.

Wo ist der geheimste Ort der Uni?

Wie ist so ein Studium?

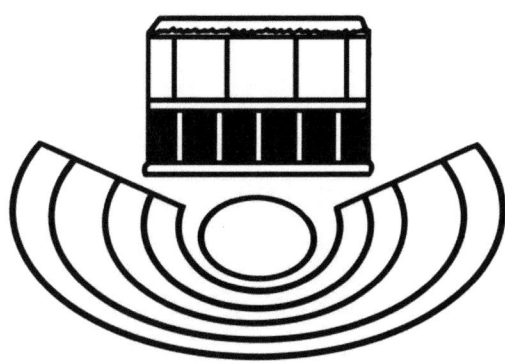

AMPHITHEATER: Ein ovaler oder halbrunder Veranstaltungsort aus Stein unter freiem Himmel.

NOBELPREIS: Die bedeutendsten Forschenden können für ihre Arbeit mit dem Nobelpreis ausgezeichnet werden. Es gibt ihn für Medizin, Physik, Chemie, Literatur und auch für den Einsatz für den Frieden.

MITMACHEN!

Willst du wissen, wie die Dinge unter einem Mikroskop aussehen? Dann blättere rasch auf Seite 83.

Wo die Bücher wohnen

Marie findet auch, dass es gut ist, ein Ziel zu haben. Nach ihrem eigenen sucht sie noch. Das merkt sie immer, wenn sie in einem Freundebuch schreiben soll, was sie mal werden will. Aber eines weiß Marie ganz sicher: Wer viel wissen will, muss viel lesen.

Auf dem Stadtplan ist ihr aufgefallen, dass die Uni eine eigene Bücherei hat: die Universitätsbibliothek. Also bittet Marie Mama, sie dort hinzufahren. Als sie das Gebäude in der Hofstallgasse betritt, kommt sie aus dem Staunen gar nicht mehr heraus: ein uralter prachtvoller Globus steht da. Und neben ihm wartet Leo, ein Bibliotheksmitarbeiter. Er führt Marie durch das Gebäude, denn in einer Universitätsbibliothekdarf man nicht einfach überall hinspazieren.

„Was ist das für ein Globus?", will Marie wissen. Leo erklärt, dass diese Weltkugel schon vor über 250 Jahren von dem Geografen Joseph Fürstaller gebaut und irgendwann in der Bibliothek der Universität aufgestellt wurde. Ob den wohl auch Tante Marie bewundern konnte und mit dem Finger auf der Landkarte überlegt hat, wohin sie reisen möchte?

FORSCHUNGSAUFGABE

Finde heraus, wann und von wem der erste Globus gebaut wurde, der heute noch erhalten ist. Tipp: Im selben Jahr hat ein Seefahrer den Kontinent Amerika wiederentdeckt (ohne es zu wissen).

Lösung: 1492 baute Martin Beheim den ersten Globus und Christoph Kolumbus entdeckte Amerika wieder.

Noch während Marie nachdenkt, tragen
sie ihre Füße durch den Lesesaal, wo

viele Studierende dicke und dünne Bücher vor sich
haben. Wieder andere schreiben auf ihren Laptops.
Dann aber geht es in den Keller: Hier ist - genauso wie
im benachbarten Universitätsarchiv - alles richtig groß.

Leo erklärt, dass das hier das Magazin ist. Das bedeutet,
dass nicht alle Bücher oben im Lesesaal ausgestellt
werden können, es sind viel zu viele. Der größte Teil liegt
deshalb im Verborgenen, wo die Bibliotheksbesucher gar
nicht allein hinkommen. Mitarbeitende suchen deshalb die
Bücher gezielt heraus, die jemand oben oder über das
Internet bestellt hat.

Vor allem die riesigen Räder an den Regalen
faszinieren Marie. Sie wundert sich: „Leo, was sollen
denn all die Steuerräder hier?" Leo fordert sie auf,
daran zu drehen. Und siehe da: Sogar Marie kann die
haushohen Bücherregale bewegen. Als sie in die langen
Regalgänge hineinspäht, ist sie sicher: Hier steht ganz
schön viel Wissen.

(GEOGRAFIE: Die Lehre von der Erde.

(ARCHIV: Hier werden Dinge aus der
Vergangenheit aufbewahrt, vor allem Texte
und Bilder.

(MAGAZIN: Eine Art Lager.

Was ist das für ein Ding am Eingang?

Was sind denn das für Steuerräder?

MITMACHEN!

Hilf der Universitätsbibliothek, eine richtig gute Kaufentscheidung für ein Wissensbuch zu treffen. Auf Seite 84 ist dein Anschaffungswunsch gefragt.

Frauen ans Licht

Als Maries Telefon klingelt und sie Irenes Namen liest, bemerkt sie, wie schnell die Zeit vergangen ist. Rasch verabschiedet sie sich von Leo und schiebt den Roller die kurze Strecke zum Café.

Hmh, wie herrlich das duftet! Und da wartet auch schon Irene. Noch bevor sie sich setzen, muss Marie eines loswerden: „Irene, ich hab dich auf einem Bild an der Uni gesehen. In einem Kleid, das wie mein Stadtplan hier aussieht." „Stimmt", lacht Irene und erzählt ihr ein bisschen über das Kunstprojekt, das sie vor ein paar Jahren gemacht hat.

Irene möchte, dass man die Frauen sieht. „Kann man das nicht jeden Tag?", wundert sich Marie. „Schon, aber es geht auch darum, ihre Leistungen zu verstehen." So wie Marie, die unerschrockene Frau auf Weltreise. Irene zeigt Marie ein paar Kostproben ihrer Kunst. Am besten findet Marie die Rollenportraits der beiden Forscherinnen Ida Pfeiffer und Maria Sibylla Merian. Irene erklärt, dass es schon immer mutige Frauen gab. „In meiner Arbeit geht es darum, Frauen aus dem Verborgenen ans Licht zu holen. Und zu zeigen, wer man ist."

FORSCHUNGSAUFGABE

Was haben Ida Pfeiffer und Maria Sibylla Merian gemeinsam?

Dann fragt Irene Marie: „Und wer bist du?" Marie muss nur ganz kurz überlegen: „Na, eine Fragenstellerin natürlich!" Irene macht spontan eine schnelle Skizze, wie das aussieht. Ganz leicht huscht dabei der Bleistift über das Papier und Marie staunt. Das ist nicht wie ein Foto: Marie sieht sich nicht nur von außen, sondern in dem Bild steckt auch all das, was sie wirklich ausmacht.

Viel zu schnell geht die Zeit vorbei. Bevor sich die beiden verabschieden, lädt Irene Marie für den Abend in die Große Aula der Universität ein. Dort gibt es ein Konzert. Aula, das hört sich wie Schule an. Marie merkt wieder: Schule und Universität haben viel gemeinsam. Irene verrät Marie noch, dass die Aula früher mal das erfolgreiche Universitätstheater beherbergte. „Bis heute singt dort der Unichor, wenn die Studierenden ihren Abschluss machen. Vielleicht wirst du auch einmal hier singen, Marie. Oder besungen werden, wenn du deinen Abschluss machst."

(KOSTPROBE: Ein kleines Stück von etwas, damit man neugierig wird.

(ROLLENPORTRAITS: Eine Art von Kunst.

(SKIZZE: Dabei malt man etwas nur schnell und mit wenigen Strichen.

(AULA: Großer Versammlungsraum.

Sieht man Frauen nicht überall?

Wer bist du?

MITMACHEN!

Gib ein paar Frauen, die du in diesem Buch kennengelernt hast, einen Platz auf Seite 87.

Was willst du werden?

Im Sauseschritt rollert Marie zurück zu Papa. Als sie ihn sieht, lässt sie den ganzen Tag noch einmal wie einen Film vor ihrem inneren Auge ablaufen. Sie erzählt jedes Detail: Von der langen Geschichte der Uni und dem Unikörper. Warum Fragenstellen so wichtig ist und warum jeder eine Heimat braucht. Was Mozart und Geothermie mit der Universität zu tun haben. Wie Kinder denken und wie die liegende Acht in die Mathematik kam. Wo die Mozartkugeln wachsen und wo der geheimste Ort der Uni ist. Wofür man ein Rasterelektronenmikroskop und ein Magazin braucht. Um welche Frauen es viel zu selten geht und ...

Marie ist ganz begeistert von der Universität, das spürt Papa sofort. Glücklich ist er und stolz auf seine neugierige Tochter. Doch plötzlich wird Marie nachdenklich: „Papa, da gibt's noch ein Problem. Ich weiß überhaupt nicht, was ich mal studieren soll. Das klingt alles so aufregend."

Papa findet, dass Marie noch ein bisschen Zeit hat, um sich das zu überlegen. Nur eine Sache rät er ihr schon jetzt: „Such dir auf jeden Fall etwas aus, das du ganz, ganz toll findest. Das ist nämlich das Schönste an der Uni: Jeder darf eigene Fragen an die Welt mitbringen."

Und damit die Auswahl etwas leichter wird, hat Papa noch eine Überraschung für Marie: „Schau mal, was ich hier für dich habe: eine Anmeldung für die Kinderuni am Nawi-Campus." „Kinderuni, was ist das?", will Marie wissen. Papa erzählt, dass einmal im Jahr Uniprogramm speziell für Kinder gemacht wird. Da erklären Forschende den Kindern ihre Lieblingsthemen. Marie kann dort erfahren, wie früher Bücher gemacht wurden, wie ihr Körper Krankheiten bekämpft oder wie Autos in der Zukunft ganz alleine fahren werden.

Und es gibt noch eine weitere Möglichkeit: Wenn Marie weiß, was sie besonders interessiert. Wenn sie nicht nur zuhören, sondern auch etwas sagen will. – Dann kann sie als Kinderprofessorin sogar ihr Lieblingsthema selbst vorstellen.

„Und", fragt Papa, „hast du schon eine Idee, worüber du sprechen würdest?" – „Klar", freut sich Marie. „Ich kann ja die Universität erklären!"

KinderUNI
Salzburg

Was ist das Geheimnis der Universität?

Paris Lodron Universität Salzburg

mit **Marie**

FORSCHUNGSAUFGABE

Finde heraus, ob auch die nächstgelegene Uni zu deinem Heimatort eine Kinderuniversität anbietet. Vielleicht möchtest du einmal daran teilnehmen?

Was soll ich studieren?

Was ist eine Kinderuni?

MITMACHEN!

Auf Seite 88 kannst du deine Bewerbung als Kinderprofessorin oder Kinderprofessor gestalten und dabei dein Lieblingsthema vorstellen.

Hättest du's gewusst?

 Die erste Universität in Europa mit durchgängigem Unibetrieb bis heute wurde in Bologna in Italien gegründet.

 Das Studentenleben beginnt mit der Immatrikulation. Du hast schon gemerkt, an der Uni ist vieles auf Lateinisch ausgedrückt. So ist es auch hier: Immatrikulation heißt Einschreibung.

 Wer neu an die Universität kommt, heißt Erstsemestrige oder Erstsemestriger.

 Den Stundenplan dürfen sich Studierende selbst zusammenstellen. Es gibt zwar Regeln, aus welchen Bereichen sie sich etwas aussuchen müssen, aber was sie genau machen wollen, können sie aus einem Vorlesungsverzeichnis mit vielen verschiedenen Kursen auswählen.

 Wenn man als Studierender angemeldet ist, kann man nicht nur das eigene Fach studieren, sondern auch andere Fächer besuchen, Sprachkurse machen oder Sport treiben.

Guten Tag!

こんにちわ！

Manche Studierende wohnen in einem Studentenwohnheim oder in einer WG mit anderen Studierenden zusammen.

 Viele Studierende arbeiten neben ihrem Studium, um Geld zu verdienen.

 Wenn die Familie nicht genug Geld hat, um ein Studium zu bezahlen, dann bekommt ein Studierender Geld vom Staat geliehen.

 Es gibt zwei Semester im Jahr. In beiden gibt es eine Vorlesungszeit und eine vorlesungsfreie Zeit. Das letzte klingt wie Ferien und das kann es auch sein, aber in dieser Zeit sind auch Prüfungen und man muss Hausarbeiten schreiben.

 In der Universität beginnen die Stunden laut Stundenplan immer um 8, 10, 12, 14, 16, 18 oder 20 Uhr. Damit die Studierenden aber zwischen verschiedenen Gebäuden und Räumen wechseln können, steht dahinter meist „c.t." Das ist Latein und heißt „cum tempore" – „mit Zeit". Es bedeutet: In echt beginnt der Unterricht eine Viertelstunde später und hört 15 Minuten eher auf. Der Kurs von 8-10 Uhr geht also in Wahrheit von 8:15-9:45 Uhr.

Schulaufgaben heißen an der Uni natürlich nicht so, sondern das sind Klausuren. Manche dauern mehrere Stunden.

 Studierende schreiben ihre Arbeiten zwar zum Teil zu Hause. Abschreiben dürfen sie trotzdem nicht.

 An manchen Universitäten gibt es nicht nur die Noten 1 bis 5, sondern sogar Note 6 und Zwischennoten (1,3 oder 1,7 und so weiter)

 Manche Prüfungen dürfen Studierende nur zweimal machen, sonst ist das Studium zu Ende.

 An vielen Universitäten können die Studierenden mit einem sogenannten Semesterticket auch Bus und Bahn fahren.

 Zu einem Studium, finden viele, gehören auch Studentenpartys.

 Ein Studium ist eine tolle Möglichkeit, einige Zeit in einem anderen Land zu leben. Es gibt nämlich viele Programme für Studierende. Ein wichtiges Programm heißt Erasmus. Es ist nach einem Mann benannt, der vor 500 Jahren lebte und selbst an verschiedenen Universitäten gelernt und gelehrt hat.

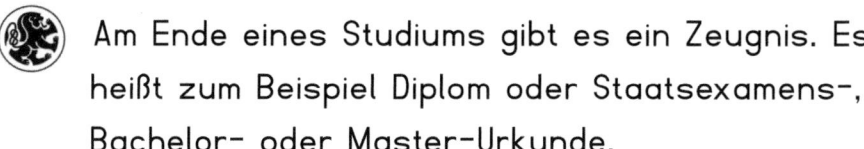 Am Ende eines Studiums gibt es ein Zeugnis. Es heißt zum Beispiel Diplom oder Staatsexamens-, Bachelor- oder Master-Urkunde.

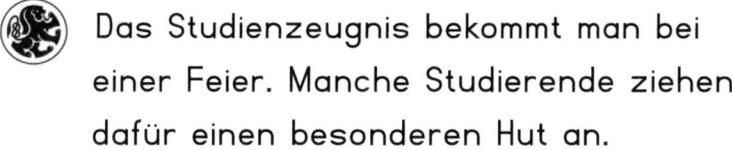 Das Studienzeugnis bekommt man bei einer Feier. Manche Studierende ziehen dafür einen besonderen Hut an.

Studierende, die ihr Studium geschafft haben, nennt man Absolventen.

An der Uni gibt es auch Gaststudierende, zum Beispiel Senioren.

Besonders kümmern sich Universitäten um Studierende mit Kindern. Viele Unis haben eigene Kindergärten.

In einigen Unis heißt der Chef Kanzler oder die Chefin Kanzlerin, sie sind aber keine Politiker.

Studentenverbindungen waren früher Vereine, in denen sich Studenten (meist nur Männer) trafen.

Untersuchungen zeigen: Nie mehr im Leben trifft man so viele unterschiedliche Menschen wie im Studium.

Viele Menschen lernen im Studium andere kennen, mit denen sie ein Leben lang verbunden bleiben.

Lageplan der Paris Lodron Universität Salzburg

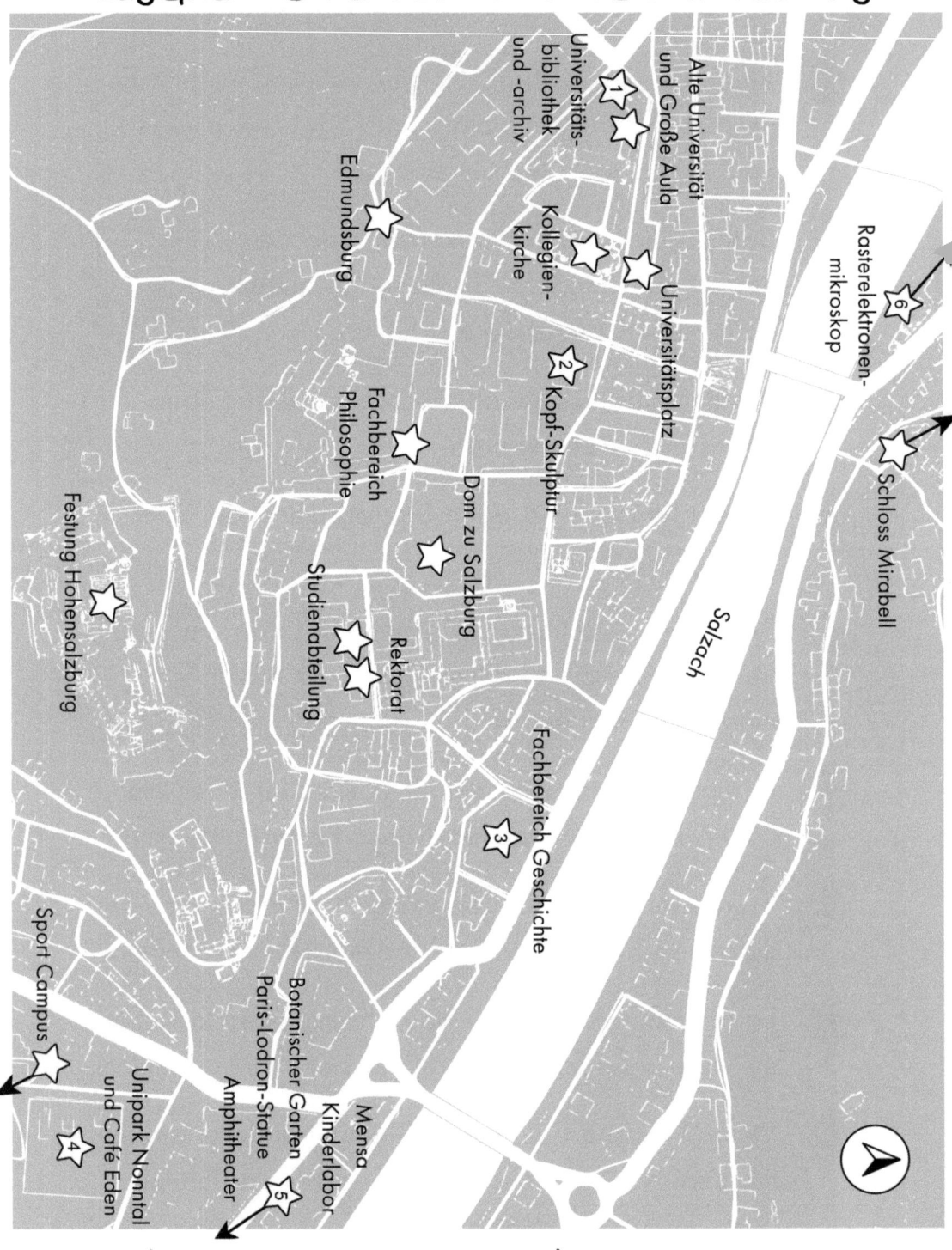

1 Katholisch-Theologische Fakultät

2 Rechts- und Wirtschaftswissenschaftliche Fakultät

3 Gesellschaftswissenschaftliche Fakultät

4 Kulturwissenschaftliche Fakultät

5 Natur- und Lebenswissenschaftliche Fakultät

6 Fakultät für Digitale und Analytische Wissenschaften

Uni ... Was?

Viele Wörter im Deutschen kommen ursprünglich aus der Sprache der Alten Römer: Latein. Das ist auch so für alle Wörter, die mit „uni" beginnen. „Uni" bedeutet „ein" oder „einzig". Wenn ein Wort aber mit „univers" beginnt, dann bedeutet das „gesamt" oder „alles". Probiere es mal und ordne zu:

Was ist die Universität?

Was ist das Universum?

Was ist eine Union?

Was ist eine Uniform?

Was ist ein Unikat?

Das kannst du studieren

Keine Buchseite reicht aus, um alle Studienfächer der Welt aufzuschreiben. Klar, viele Menschen studieren bekannte Fächer wie Mathematik, Wirtschaft oder Geschichte. Aber es gibt auch Studienfächer, für die sich nur wenige Menschen interessieren und die trotzdem furchtbar spannend sind: Indogermanistik oder Cybersecurity oder Kristallographie.

Ein paar Studienfächer, die du an der Universität Salzburg studieren kannst, und ihre Bedeutung kannst du sicher aus dem großen Knäuel entwirren.

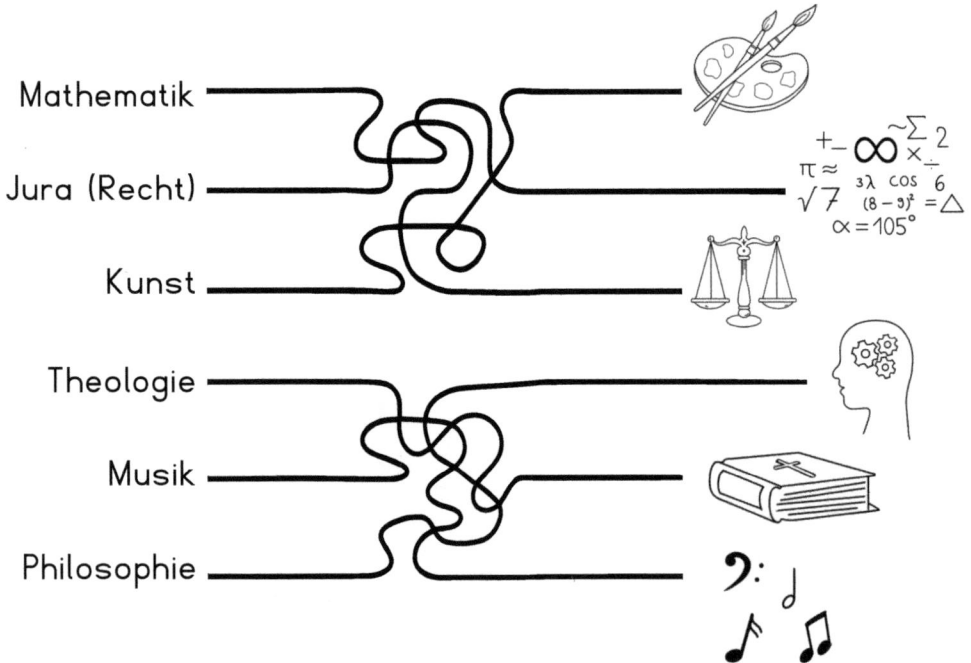

Mathematik

Jura (Recht)

Kunst

Theologie

Musik

Philosophie

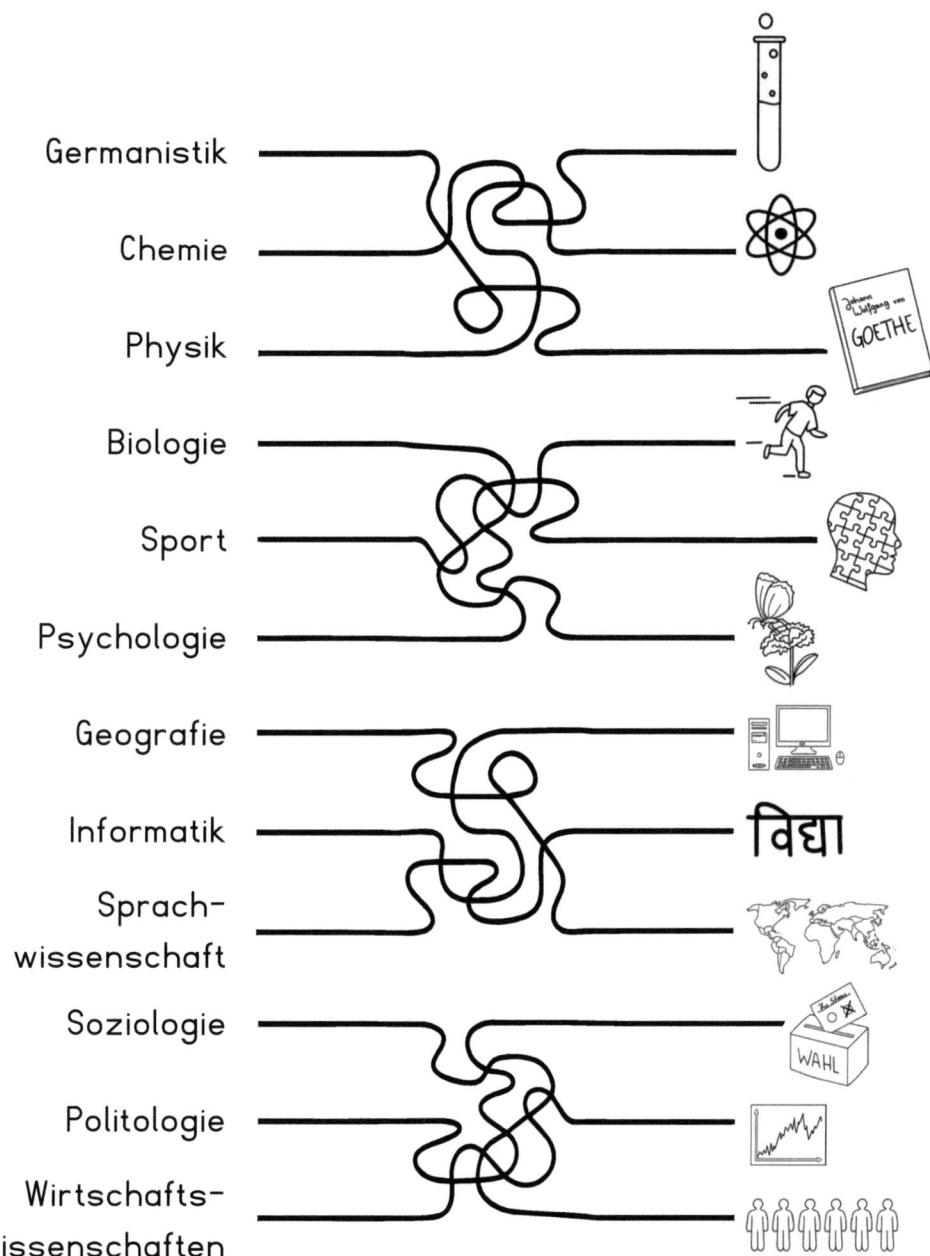

Germanistik

Chemie

Physik

Biologie

Sport

Psychologie

Geografie

Informatik

Sprach-
wissenschaft

Soziologie

Politologie

Wirtschafts-
wissenschaften

विद्या

Die Universität als Körper

Der Rektor erklärt Marie, dass man sich die Universität wie einen Körper vorstellen kann. Erst alle Teile zusammen ergeben ein Ganzes.

Male den Körper hier aus. Benutze eine Farbe für den Kopf, eine für den Rumpf und eine dritte für die Arme und Beine.

Schreibe dann die folgenden Wörter auf die passenden Linien und mache je einen Pfeil in den passenden Teil des Körpers: Unileitung, Unirat, Senat, Rektor, Forschende, Lehrende, Studierende, Hausmeisterin, Koch.

Schau genau! Die Universität ist ein Ort, der offen ist für Menschen mit Besonderheiten – zum Beispiel mit Polydaktylie. Das ist das Wort für Vielfingerigkeit.

Übrigens: Der Zeichner von Asterix, Albert Uderzo (* 1927, † 2020), hatte sechs Finger an jeder Hand. Jedoch wurden die überzähligen Finger operativ entfernt.

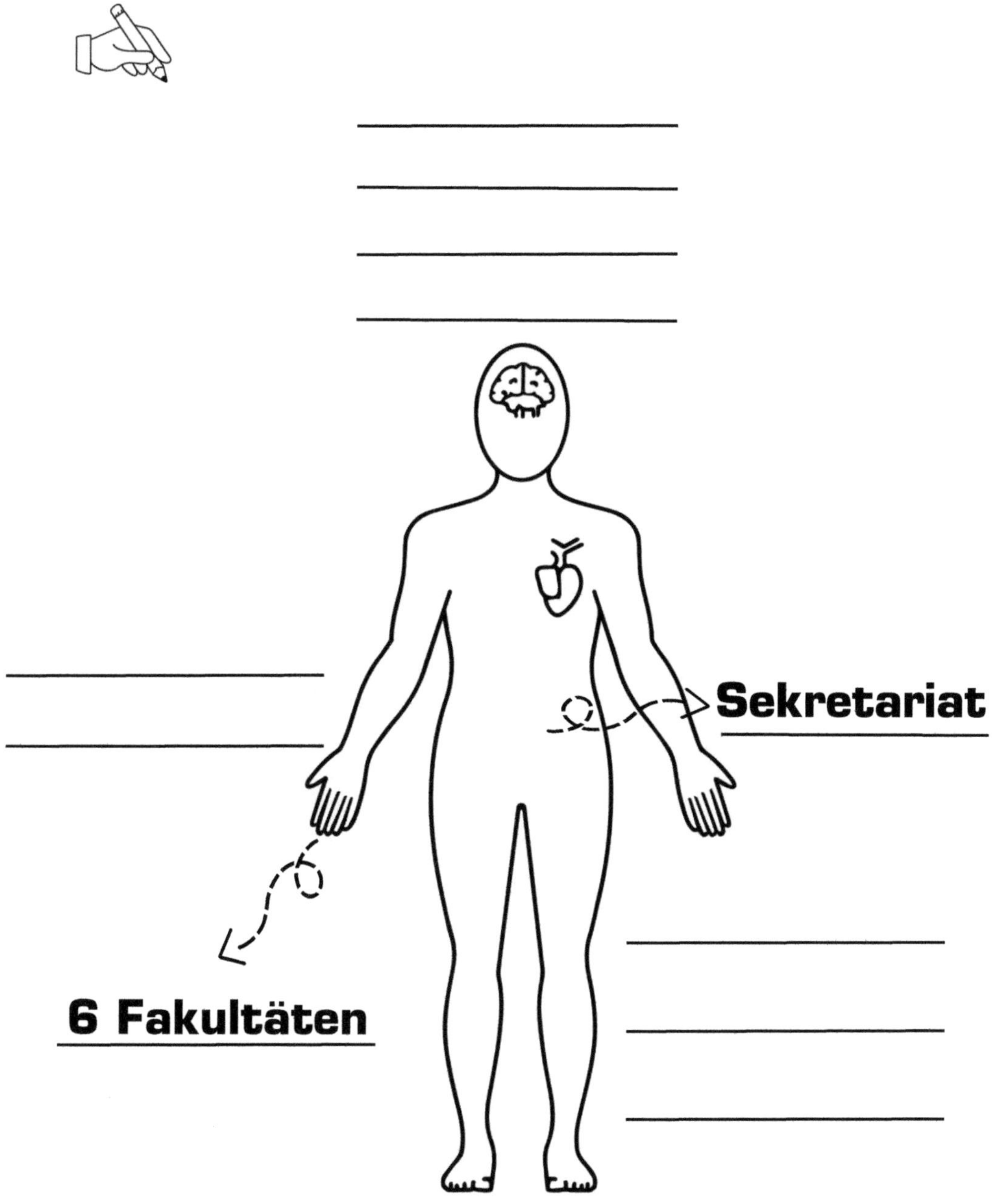

Sekretariat

6 Fakultäten

Entwickle dein eigenes Forschungszentrum!

In einem Forschungszentrum arbeiten verschiedene Forschende zusammen an einem Thema. Jeder bringt eigene Ideen mit. Ein Beispiel von der Universität Salzburg hast du schon kennengelernt.

Schau mal, welche Fragen sich die Forschenden bei ihrer Arbeit stellen:

Nun bist du dran: Zu welchem Thema willst du ein Forschungszentrum entwickeln? Schreibe das Thema in den großen Kreis.

Welche drei Fragen sollen dort unbedingt beantwortet werden? Schreibe das in die drei kleineren Kreise.

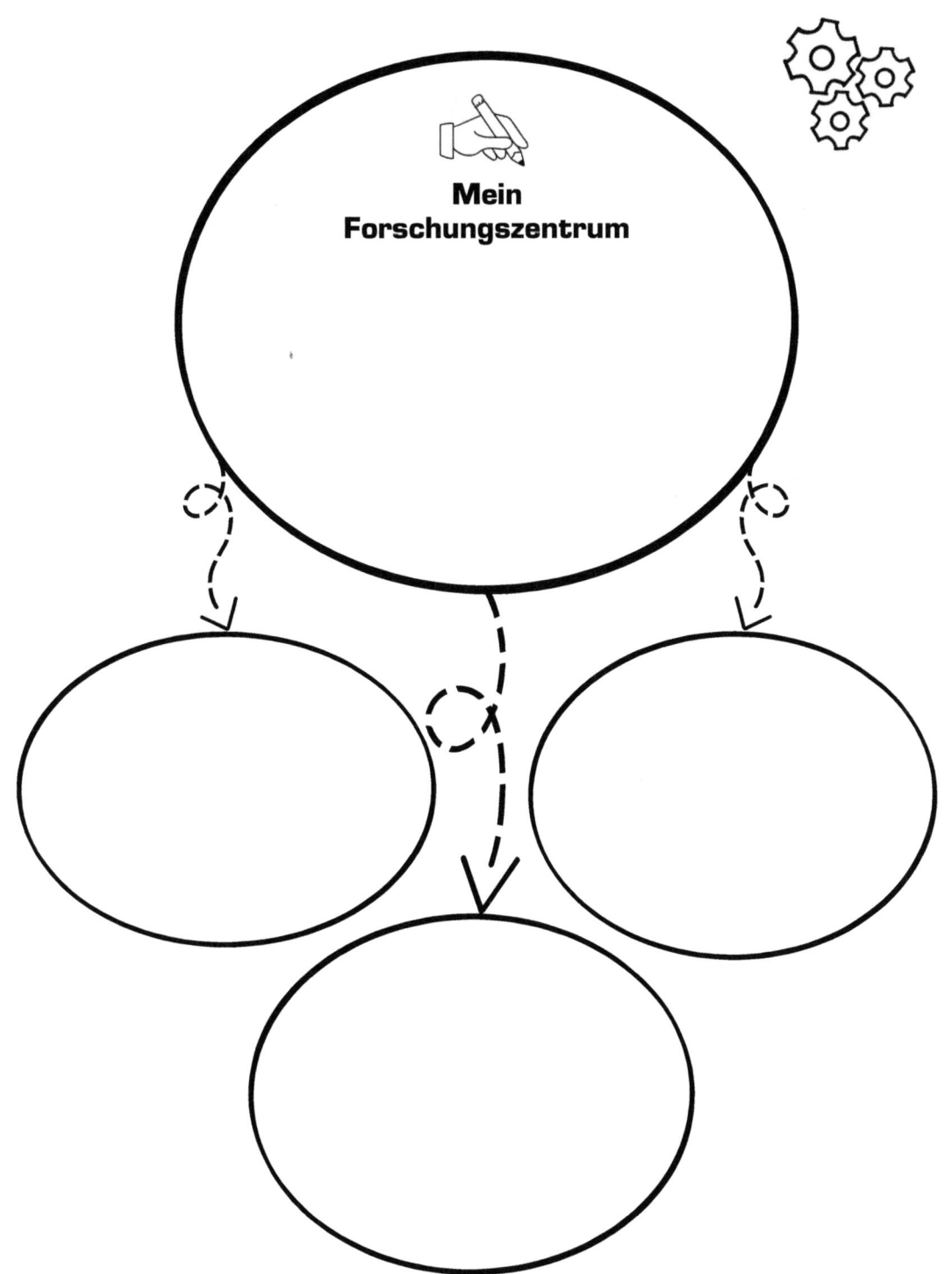

Mein Forschungszentrum

Kunst am Campus

An vielen Universitäten gibt es einen oder mehrere
Campus, also große Gelände, auf denen die Unigebäude
stehen. Dort ist viel Platz für Kunst. Finde heraus,
welche Kunstwerke du an der Universität Salzburg
entdecken kannst. Male sie aus. Entwirf dann dein
eigenes Kunstwerk.

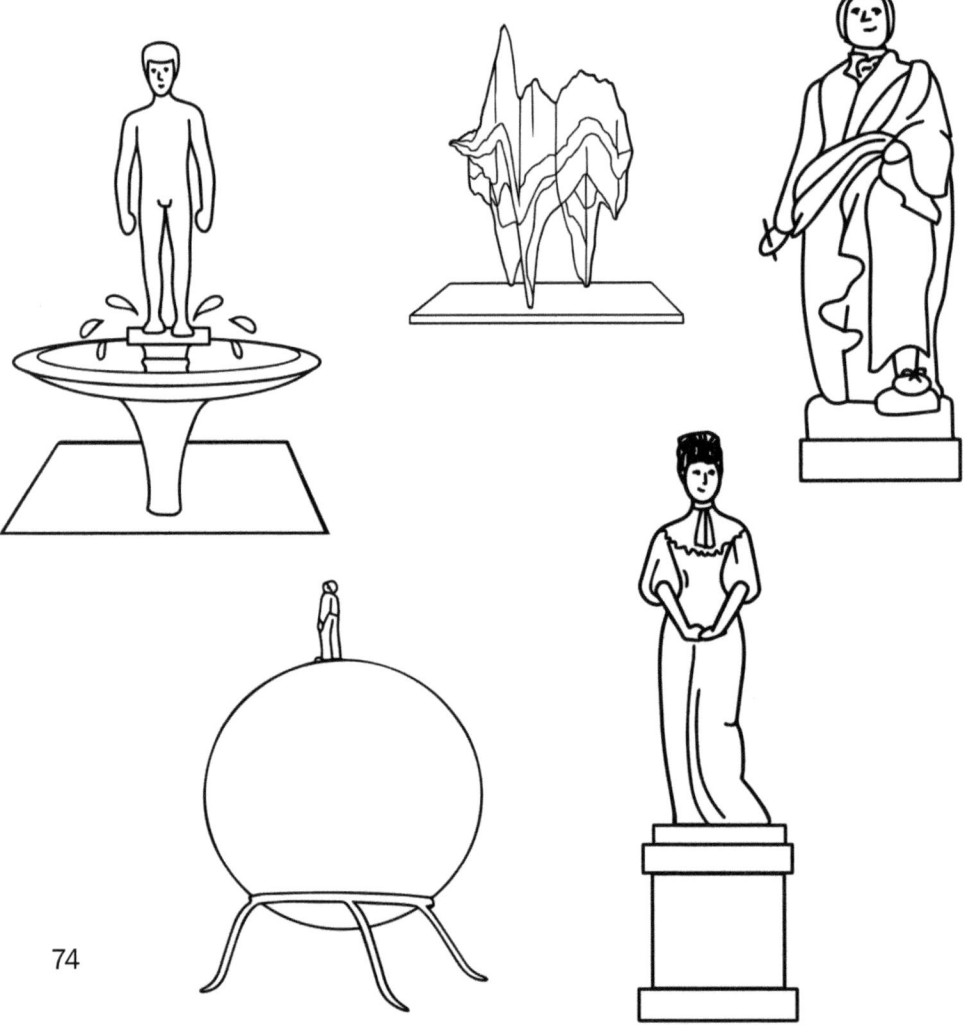

Mein eigenes Kunstwerk

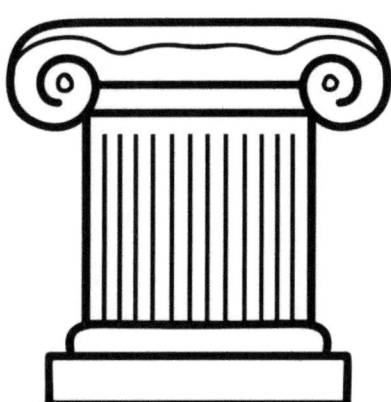

Woher sind die Studierenden?

An einer Universität studieren und arbeiten Menschen aus vielen Ländern. Schau dir das Beispiel Salzburg an. Die Uni ist in Österreich, aber viele Studierende kommen aus anderen Staaten.

Hier siehst du 100 Studierende. Sie kommen aus verschiedenen Staaten. Male die Gruppe in ihrer Farbe an:

67 kommen aus Österreich (= rot).

20 kommen aus Deutschland (= gelb).

5 kommen aus weiteren EU-Ländern (ohne Deutschland, = blau).

8 kommen aus Nicht-EU-Ländern (= grün).

Finde nun noch das passende Tortenstück für die jeweilige Gruppe und male es in der richtigen Farbe aus.

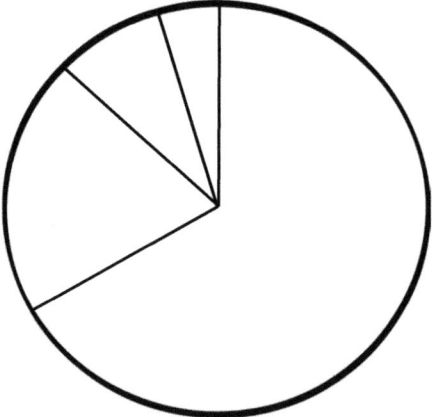

Grün, grüner, am grünsten

Wir alle bemerken den Klimawandel. Unser Verhalten sorgt dafür, dass die Erde aus dem Gleichgewicht ist. Es gibt viele kleine und große Möglichkeiten, die Uni nachhaltiger zu machen. Das bedeutet, dass alles ein bisschen verträglicher für die Umwelt ist. Hier siehst du einige Beispiele, was die Uni Salzburg macht, um grüner zu werden. Male alle Kreise in grünen Farbtönen aus und schreibe oder male weitere Ideen in die leeren Kreise.

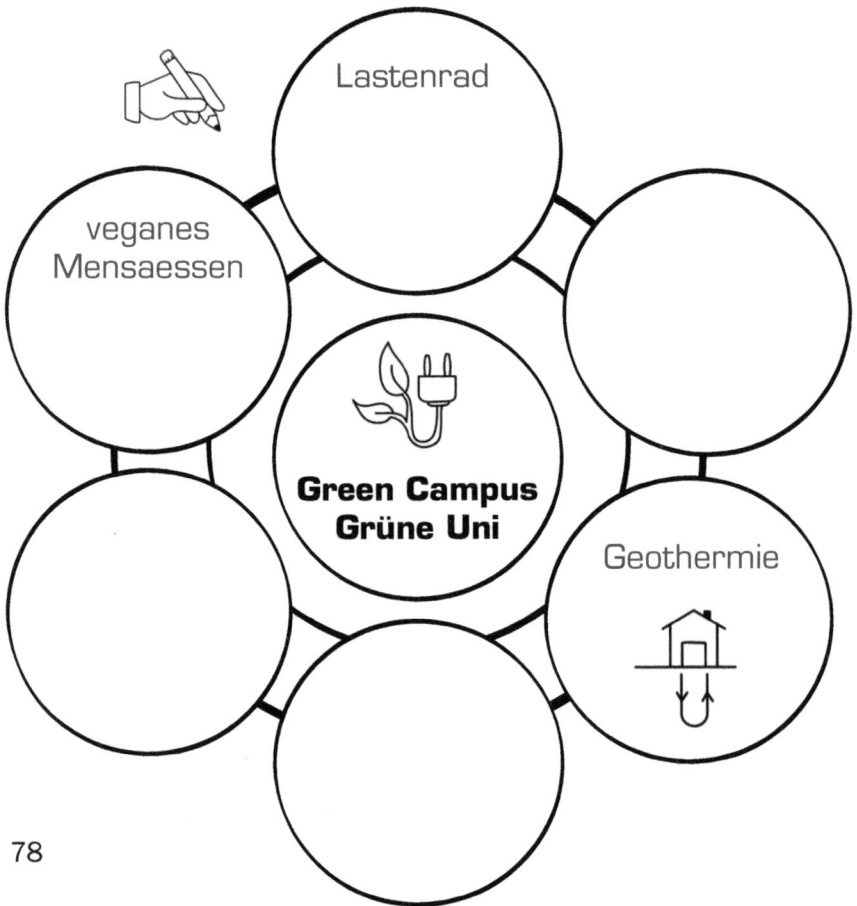

Lastenrad

veganes Mensaessen

Green Campus Grüne Uni

Geothermie

Wer nicht fragt, bleibt dumm

Es ist toll, dass Kinder nicht nur viele Fragen haben, sondern sich auch trauen, sie zu stellen. Das passiert nicht nur in einem Kinderlabor, sondern auch jeden Tag und überall. Oft gibt es auf Kinderfragen keine schnelle Antwort. Sicher hast du auch kleine und große Fragen, hier kannst du sie aufschreiben:

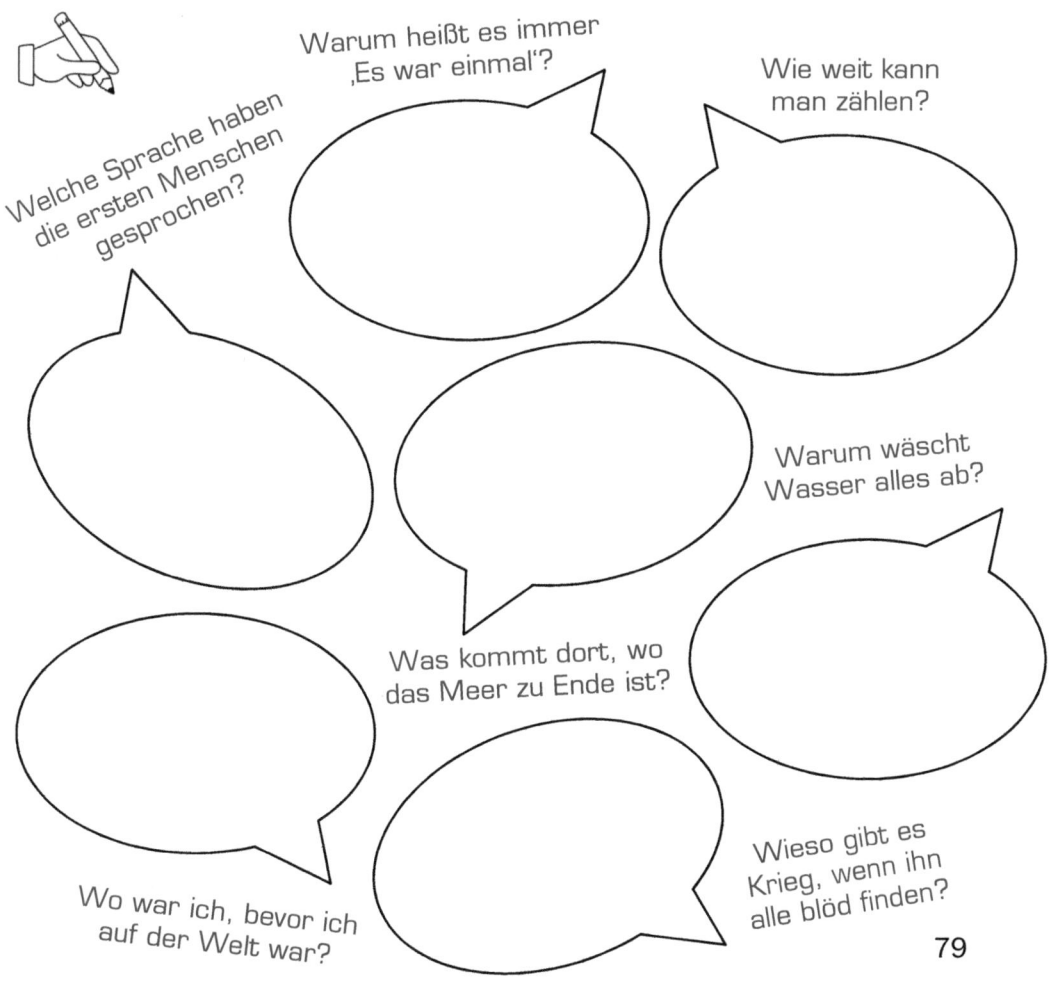

Welche Sprache haben die ersten Menschen gesprochen?

Warum heißt es immer ‚Es war einmal'?

Wie weit kann man zählen?

Warum wäscht Wasser alles ab?

Was kommt dort, wo das Meer zu Ende ist?

Wo war ich, bevor ich auf der Welt war?

Wieso gibt es Krieg, wenn ihn alle blöd finden?

Mein Studienplan

Auch in der Universität haben die Lernenden einen Stundenplan. Es gibt einen wichtigen Unterschied zur Schule: In der Schule hast du ganz verschiedene Fächer, die wenig miteinander zu tun haben. In der Uni besuchst du oft Veranstaltungen, die alle zu einem Fach gehören. Zusätzlich kannst du dir Veranstaltungen aussuchen, die alle besuchen dürfen: Sport- oder Sprachkurse zum Beispiel. Und plane auch Zeit für dein Mittagessen und zum Lernen ein. Ein Beispiel dafür siehst du bei dem kleinen Studienplan hier:

	Montag	Dienstag	Mittwoch	Donnerstag	Freitag
8 – 10	Die römische Kaiserzeit	Der forschende Blick		Bibliothek	Schulpraktikum
10 – 12	Bibliothek	Maria Theresia – eine starke Frau	Bibliothek	Sportgeschichte	Schulpraktikum
12 – 14	Mensa	Mensa	Exkursionsseminar	Mensa	Klettern
14 – 16		Bibliothek	Politische Bildung	Geschichte gut erklärt	Latein II
16 – 18	Englisch für Fortgeschrittene				
18 – 20			Schwimmen	Studierenden-Theater	Klaviertrio-Probe

Nun bist du gefragt. Wenn die Kinderuni einmal im Jahr ihre Türen öffnet, kannst du dir für eine Woche einen Studienplan zusammenstellen. Schau, was du alles besuchen kannst, und trage ein, welche Themen dir gefallen. Es gibt:

- Forschungslabor – jeden Tag, 9:00 – 10.30 Uhr

- Fabelwesen und Blumenranken. Buchmalerei im Mittelalter – Donnerstag, 9:00 – 10.30 Uhr und 11:00 – 12.30 Uhr

- Wie lernen wir, was in unseren und anderen Köpfen vorgeht? – Dienstag, 9:00 – 10.30 Uhr und 11:00 – 12.30 Uhr

- Was können Asseln und andere Krabbeltiere? – Donnerstag, 9:00 – 10.30 Uhr und 11:00 – 12.30 Uhr

- Videoreporter – Donnerstag, 9:00 – 10.30 Uhr

- Wie klingt ein Fagott? – Mittwoch, 9:00 – 10.30 Uhr

- Wie ich komponiere – Montag, 11:00 – 12.30 Uhr

- Sprechen kann doch jeder – Mittwoch, 11:00 – 12.30 Uhr

- Maria Martinez. Die klassische Powerfrau – Montag, 9:00 – 10.30 Uhr und Freitag, 11:00 – 12.30 Uhr

	Mein Stundenplan				
	Montag	Dienstag	Mittwoch	Donnerstag	Freitag
9:00 – 10:30					
11:00 – 12:30					

Lecker, lecker

Du hast sicher bei diesem Buchabenteuer genauso viel
Appetit wie Marie auf dem Weg durch das Universum
der Fragen. Womit füllst du dein Tablett in der Mensa?

Kleines, ganz groß

Viele Dinge sehen ganz anders aus, wenn man ganz nah herangeht. Ein Mikroskop kann Kleines ganz groß machen. Was siehst du, wenn du durch das Mikroskop blickst?

Suche dir drei ganz kleine Alltagsdinge aus und vermute, wie sie unter dem Mikroskop aussehen.

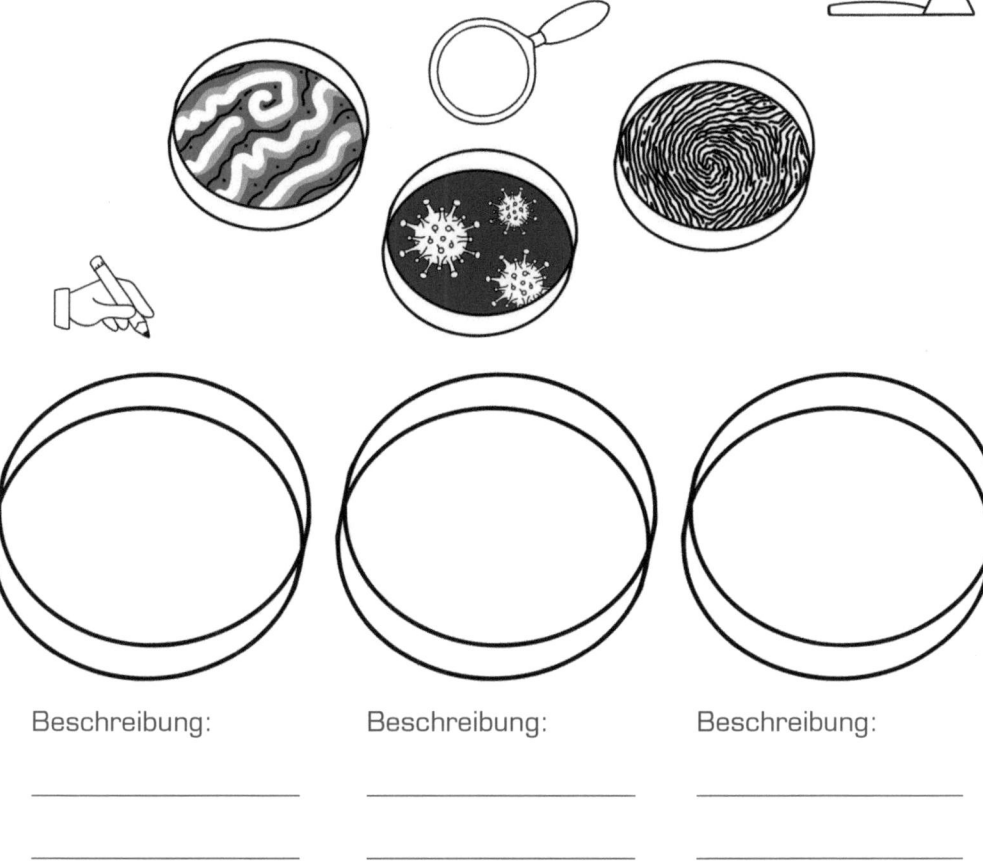

Beschreibung: Beschreibung: Beschreibung:

_____ _____ _____

_____ _____ _____

Bitte besorgen

Die Universitätsbibliothek kauft ständig Bücher dazu.
Solche, die neu erscheinen, aber auch ältere Bücher,
die für die Studierenden wichtig sind.

Empfehle der Bibliothek ein Buch, aus dem man viel
lernen kann. Male das Cover in die Vorlage und
schreibe auf den Zettel, warum die Universität das
Buch kaufen soll.

Name: _____

Studienfach: _____

Wunschbuch: _____

_____

Begründung: Bitte besorgen Sie dieses
Buch, weil ...

_____

_____

_____

_____

Starke Frauen

Im Senatssaal der Universität hängen die Portraits aller bisherigen Rektoren der Uni Salzburg. Das waren nur Männer.

Aber auch Frauen sind für die Salzburger Universitätsgeschichte wichtig. Suche drei davon im Buch und gib ihnen hier einen Platz.

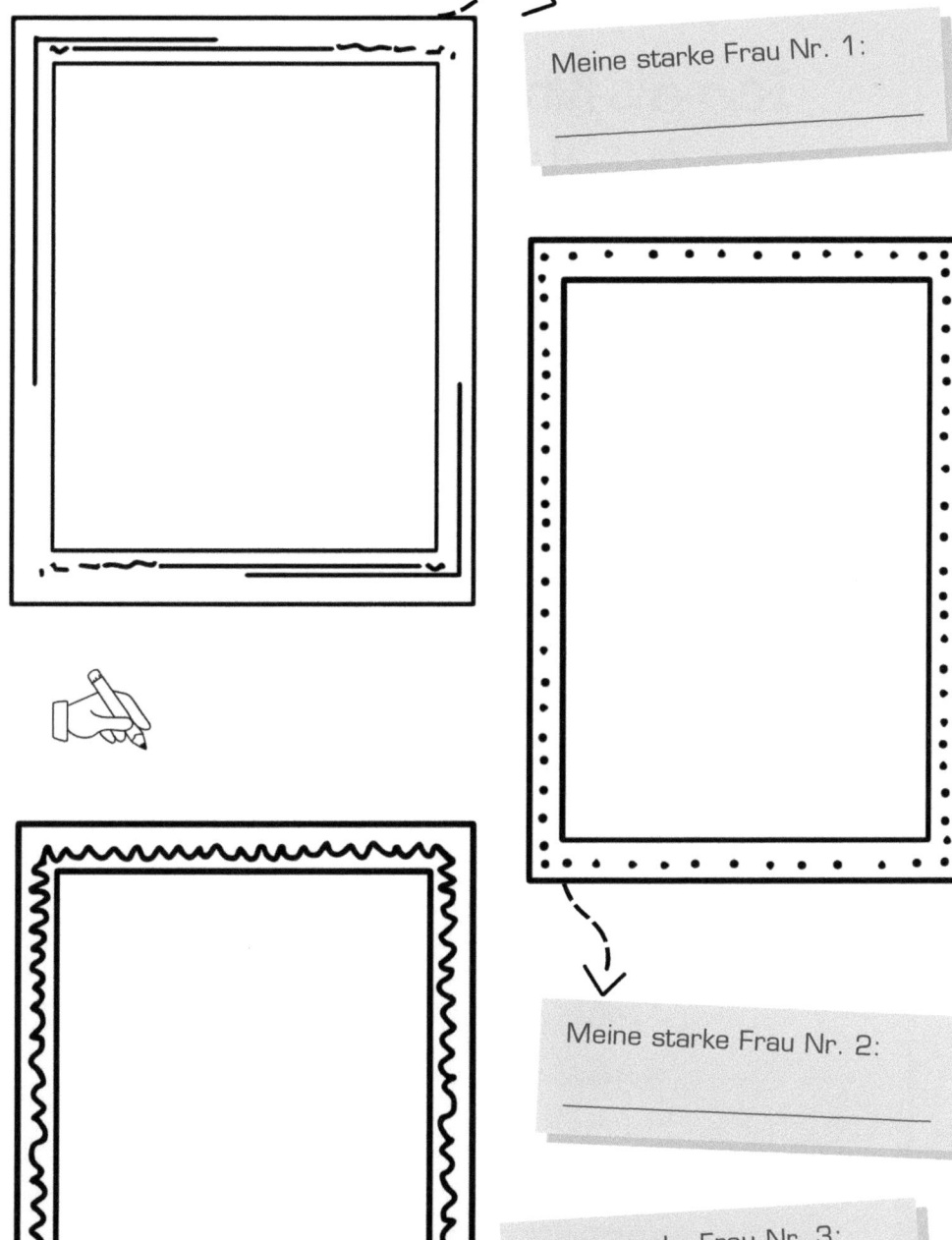

Meine starke Frau Nr. 1:

_____

Meine starke Frau Nr. 2:

_____

Meine starke Frau Nr. 3:

_____

Ich als Kinderprofessorin / Kinderprofessor

Name: _____

Geburtsdatum: _____

Das mache ich gern: _____

_____

_____

Darum will ich dabei sein: _____

_____

_____

Dieses Thema kann ich gut erklären: _____

_____

_____

Maries Weg durch die Stadt

Weißt du noch, wo Marie bei ihrer Abenteuerreise durch die Stadt überall gewesen ist? Zeichne ihren Weg von Papas Büro am Rudolfskai über alle Stationen zurück zu Papa ein.

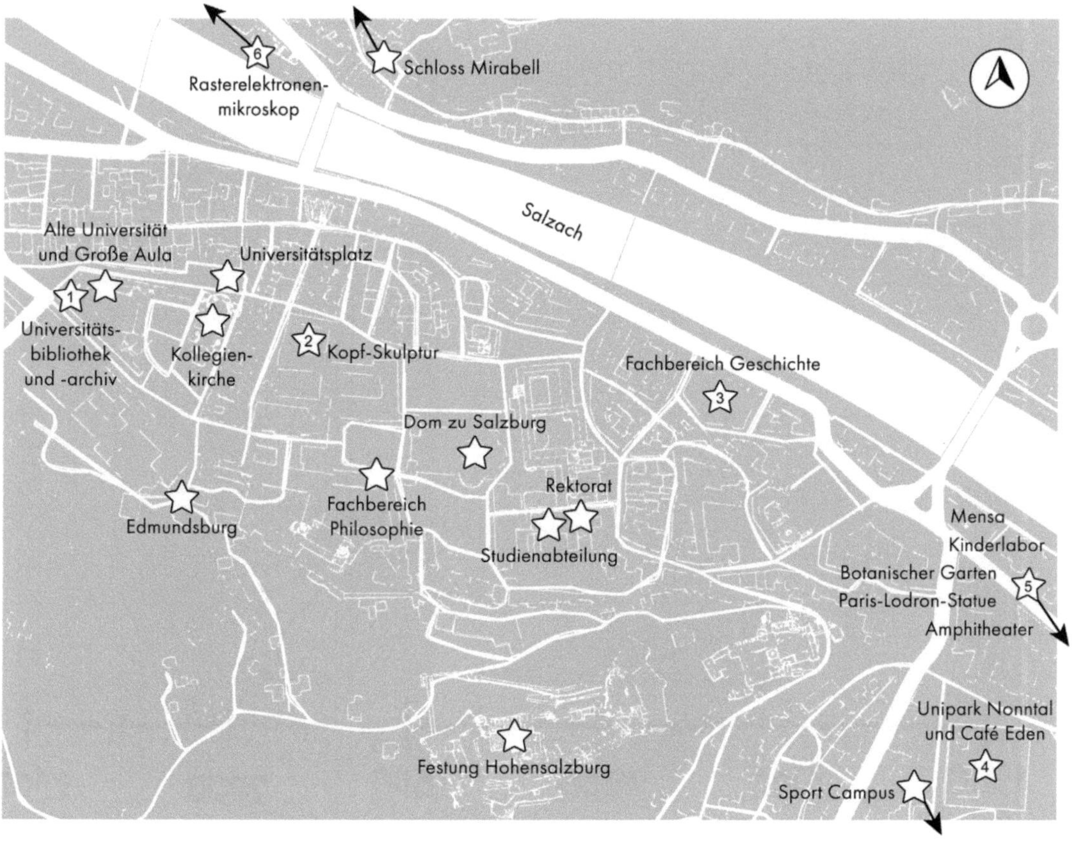

Rasterelektronen-mikroskop ⑥

Schloss Mirabell

Salzach

Alte Universität und Große Aula

Universitätsplatz

①
Universitäts-bibliothek und -archiv

Kollegien-kirche

② Kopf-Skulptur

Fachbereich Geschichte ③

Dom zu Salzburg

Edmundsburg

Fachbereich Philosophie

Rektorat

Studienabteilung

Mensa
Kinderlabor
Botanischer Garten
Paris-Lodron-Statue ⑤
Amphitheater

Unipark Nonntal und Café Eden ④

Sport Campus

Festung Hohensalzburg

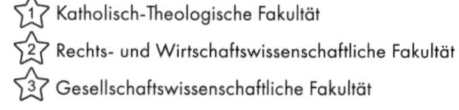
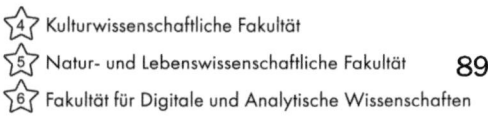

① Katholisch-Theologische Fakultät
② Rechts- und Wirtschaftswissenschaftliche Fakultät
③ Gesellschaftswissenschaftliche Fakultät
④ Kulturwissenschaftliche Fakultät
⑤ Natur- und Lebenswissenschaftliche Fakultät
⑥ Fakultät für Digitale und Analytische Wissenschaften

Eins, zwei, drei zum Jubiläum

Hilf Marie, die wichtigsten Meilensteine der 400-jährigen Geschichte der Paris Lodron Universität Salzburg auf dem Zeitstrahl einzutragen.

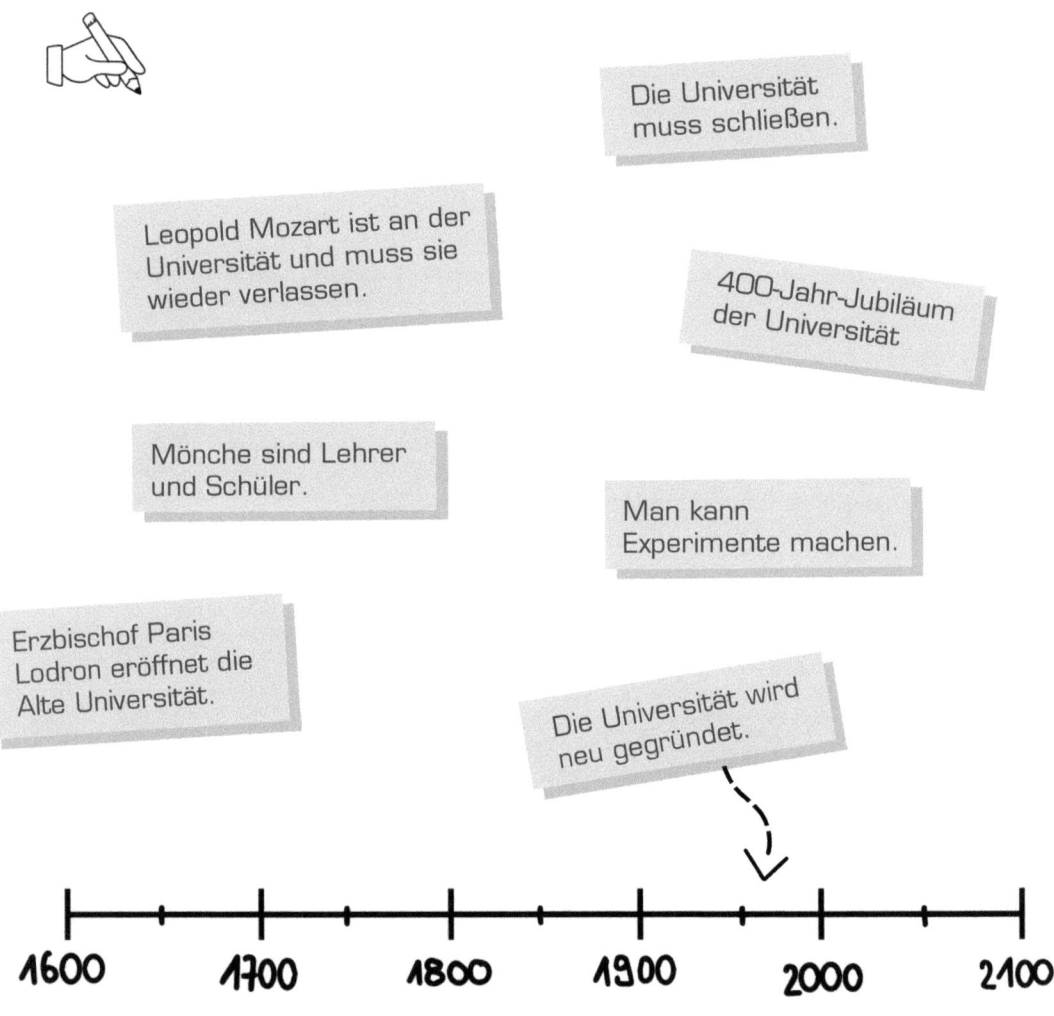

Die Universität muss schließen.

Leopold Mozart ist an der Universität und muss sie wieder verlassen.

400-Jahr-Jubiläum der Universität

Mönche sind Lehrer und Schüler.

Man kann Experimente machen.

Erzbischof Paris Lodron eröffnet die Alte Universität.

Die Universität wird neu gegründet.

1600   1700   1800   1900   2000   2100

Lerne universitätisch

Verbinde die richtigen Erklärungen mit den einzelnen Begriffen.

Doktor

Erasmus-Programm

Fakultät

Matura / Abitur

Mensa

Professorin / Professor

Seminar

Studierendenausweis

Universitätsarchiv

Universitätsbibliothek

Vorlesung

Ähnliche Fächer sind in einer Universität zu so einer zusammengefasst.

Dadurch kommen internationale Studierende an eine Universität.

Das braucht man, damit man ein Studium beginnen darf.

Diese Person spricht in der Vorlesung.

Diesen Abschluss bekommt man, wenn man zu einem Thema lange geforscht hat. (Nicht nur in Medizin.)

Dort kann man etwas essen.

Dort werden die wichtigen Urkunden der Universität aufbewahrt.

Nirgends gibt es mehr Bücher.

Ohne diese Karte weiß niemand, dass man ein Studierender ist.

So heißt ein Kurs an der Universität, in dem alle miteinander diskutieren.

Wenn nur ein Lehrender spricht, dann heißt diese Veranstaltung so.

Mozartkugeln à la Marie

Das brauchst du:

ZUTATEN

200 Gramm Nougat
200 Gramm Marzipanrohmasse
25 Gramm (gehackte) Pistazien
125 Gramm Puderzucker
100 Gramm zartbittere Kuvertüre
(Schokolade)

KÜCHENGERÄTE

Kleines Messer
Hackbrett / Mixer
Schüssel
Teller
Kleine (Metall)Schüssel
Topf
Kleiner Löffel
Kleine Gabel / Spieß
Backpapier

Ein beliebtes Getränk in Mozarts Zeit, das heute – mit
Milch – genauso lecker ist: „Man nimt süße Mandeln,
putzet oder zieht solche ab, stößt sie mit frischem Wasser
zu einem dünnen Brei, seiget es durch und tut an die
durchlaufende Milch nach Belieben Rosenwasser, Zimmet oder
Pfersich-Laub-Wasser, auch ein wenig Zucker."

SO MACHST DU DIE MOZARTKUGELN

Zuerst schneidest du die Nougatmasse in Stückchen so groß wie ein Würfelzucker. Dann rollst du sie in deinen Händen zu kleinen Kugeln. Stelle die Kugeln auf einem Teller in den Kühlschrank.

Falls die Pistazien noch nicht gehackt sind, hacke sie – zum Beispiel mit einem Messer oder in einem Mixer. Lasse dir dabei gegebenenfalls von einem Erwachsenen helfen.

Tue nun die Marzipanrohmasse, die gehackten Pistazien und den Puderzucker in eine Schüssel und knete alles sehr gut mit den Händen durch. Forme danach eine Marzipanrolle. Sie soll etwa drei Zentimeter dick sein, das ist so viel wie das Innere einer Klopapierrolle. Schneide etwa zwei Zentimeter breite Stücke ab. Diese Stücke drückst du platt.

Gib nun jeweils eine Nougatkugel hinein und ziehe das Marzipan ganz um das Nougat herum. Rolle dann wieder eine Kugel. Dabei musst du recht schnell sein, weil deine Hände warm sind. Stelle die Kugeln auf einem Teller in den Kühlschrank.

Anschließend schmilzt du die Kuvertüre. Das geht so: Brich die Kuvertüre in kleine Stücke. Lege diese in eine Schüssel – am besten aus Metall. Platziere die Schüssel in einem Topf mit kochendem Wasser und rühre mit einem kleinen Löffel vorsichtig um. Wenn die Kuvertüre geschmolzen ist, piekse jeweils eine Kugel mit einer kleinen Gabel oder einem Spieß auf und ziehe sie durch die Kuvertüre. Achte darauf, dass die ganze Kugel mit Schokolade bedeckt ist.

Lege die Kugeln auf einem Backpapier ab und lasse sie trocknen.

ACHTUNG: Das Wasser ist sehr heiß. Und: Achte darauf, dass keinesfalls Wasser in die Kuvertüre gelangt, sonst lässt sie sich nicht mehr benutzen.

GEHEIMTIPP: An einem trockenen, kühlen Ort halten sich die Mozartkugeln etwa zwei Wochen. Aber Marie schmecken sie so lecker, dass schon nach einem Tag alle aufgegessen sind.

Literatur

Christoph Brandhuber: PLUSpunkte. 400 Jahre Universität Salzburg, Salzburg 2022.

Christoph Brandhuber: Aus Salzburgs Hoher Schule geplaudert. Hundert Mini-Traktate unter einen Hut gebracht, Salzburg 2012.

Kinderfragensammlung der Lern- und Forschungswerkstatt Grundschule der Technischen Universität Dresden, online: Institut für Erziehungswissenschaft, https://tu-dresden.de/gsw/ew/iew/einrichtungen/lufo/impressionen-1/kinderfragen [30.8.2021]

Relegation Leopold Mozarts, Universitätsarchiv Salzburg, bA 90, p. 277r (zum 8.9.1739), online: https://ubs.sbg.ac.at/sosa/mozart.htm [30.8.2021]

Johann Zedler: Zedlers großes vollständiges Universal-Lexikon aller Wissenschaften und Künste, Bd. 19, Halle und Leipzig 1739, S. 895.

Danksagung

Wir danken

Irene Maria Andessner für die Möglichkeit, die Weltreisende Maria Andeßner zur historischen Hauptfigur des Kinderbuchs machen zu können und dafür ihre Arbeiten (Rollenportrait von Irene Maria Andessner als Marie Andeßner) zu nutzen.

Christoph Brandhuber für die Hinweise zu den Mozarts, die kleine Archivkunde und sein lexikalisches Wissen zur Salzburger Universitätsgeschichte.

Lea Bresagk und Franziska Herrmann von der TU Dresden für die Kinderfragen.

Prof. Stephan Elspaß für die Einsichten in den Salzburger Dialekt.

der Kulturvermittlerin Maria Erker für den Tipp mit der Mandelmilch.

gendup für Gender Studies und Frauenförderung der Universität Salzburg für die Plakataktion über Irene Andeßner als Maria Andeßner.

Sylvia Kleindienst für die unermüdliche Begleitung des Buchprojekts und die Koordination aller Beteiligten.

dem Team der Kinderuni der Universität Salzburg für die Programme der vergangenen Kinderuniversitäten.

Martha Schweissgut vom Qualitätsmanagement der Universität Salzburg für die Studierendendaten.

Drei starke Menschen hinter diesem Buch

Heike ist Historikerin und Autorin. Besonders Frauengeschichten interessieren sie. Ihren Kindern wünscht sie eine Zukunft, in der jede(r) ganz selbst sein und alles erreichen kann.

Hendrik Lehnert ist nicht nur Mediziner, sondern als Rektor der Paris Lodron Universität Salzburg und Wissenschaftler auch ein Experte im Fragenstellen und Antwortensuchen. Mit dem Buch verwirklicht er zum 400. Jubiläum der Uni ein wichtiges Ziel: Wissenschaft für alle zu erklären.

Bettina ist Archäologin und zeichnet für ihr Leben gern. Schon als kleines Mädchen hat sie damit begonnen. Sie hofft, dass jeder etwas im Leben hat, das ihn glücklich macht.

Es gab eine Frau, die hat ihr Leben lang für die Gerechtigkeit gekämpft: Ruth Bader Ginsburg (1933–2020).

Heike Wolter · Julia Christof
Illustrationen: Bettina Springer-Ferazin

RUTH BADER GINSBURG

Richterin für Gerechtigkeit

FÜR KLEINE LEUTE MIT GROSSEN IDEEN.

edition riedenburg

Sie war Professorin, Anwältin und schließlich Richterin am obersten Gericht der USA. Doch weil sie eine Frau war, hat man sie oft unterschätzt.

- Wofür hat sich Ruth Bader Ginsburg eingesetzt?
- Welche Hindernisse musste sie überwinden?
- Wie konnte sie die Menschen überzeugen?
- Was waren ihre Träume?

In diesem spannenden Buch findet ihr die Antworten, auch auf viele weitere Fragen.

In leicht lesbarer Druckschrift. Als Schullektüre und für die Schulbibliothek geeignet. Mit Kreativ-Seiten zur eigenen Gestaltung.

KINDERBUCHREIHE_STARKEFRAUEN

FÜR KLEINE LEUTE MIT GROSSEN IDEEN.

edition riedenburg

Es gibt eine Frau, die wurde oft die mächtigste Frau der Welt genannt: Angela Merkel (*1954).

Sie war 16 Jahre Bundeskanzlerin und sagte: „Wir schaffen das!" Lasst uns einen Blick hinter die Kulissen der Weltpolitik wagen:

- Wie schaffte es Angela Merkel ganz nach oben?
- Wodurch hielt sie sich so lange an der Spitze?
- Wie hat sie die deutsche Politik verändert?
- Was sind ihre Träume für die Zukunft?

In diesem spannenden Buch findet ihr die Antworten, auch auf viele weitere Fragen.

Jeder Titel aus der Reihe „Starke Frauen" bietet euch gut verständliche Texte, inspirierende Bilder und knifflige Fragen zum Weiterdenken.

KINDERBUCHREIHE_STARKEFRAUEN

FÜR KLEINE LEUTE MIT GROSSEN IDEEN.

Starke Frauen 3

„Mama Miti" – Mutter der Bäume – ist der Name für eine Frau, die Unglaubliches geschafft hat: Wangari Maathai (1940–2011).

Heike Wolter • Julia Christof
Illustrationen: Bettina Springer-Ferazin

WANGARI MAATHAI

Die Mutter der Bäume

FÜR KLEINE LEUTE MIT GROSSEN IDEEN.

edition riedenburg

Sie war die erste Nobelpreisträgerin aus Afrika. Wangari Maathai hat nicht nur Millionen Bäume gepflanzt, sondern auch Frauen auf der ganzen Welt ermutigt.

• Wer hat an sie geglaubt?
• Welche Steine lagen auf ihrem Weg?
• Welche Botschaft hat sie für uns alle?

In diesem spannenden Buch findet ihr die Antworten, auch auf viele weitere Fragen.

In leicht lesbarer Druckschrift. Als Schullektüre und für die Schulbibliothek geeignet. Mit Kreativ-Seiten zur eigenen Gestaltung.

KINDERBUCHREIHE_STARKEFRAUEN

ÜBERALL IM (INTERNET-)BUCHHANDEL.

edition riedenburg